상상이 현실이 되고
현실이 가상이 되는

가상현실
증강현실의
미래

오감을 넘어 '보고 느끼고 즐기는'
초실감 VR·AR 시대가 열린다

ETRI_easy IT

가상현실
증강현실의 미래

초판 1쇄 인쇄	2018년 1월 15일
초판 3쇄 발행	2020년 9월 10일

지은이	이길행·김기홍·박창준·이헌주·전우진·조동식·권승준·홍성진·권은옥
펴낸이	장한맘
펴낸곳	콘텐츠하다
출판등록	제 2015-000005호
주소	서울시 영등포구 선유로49길 23, 613호
전화	070-8987-2949
팩스	02-6944-9125
홈페이지	www.contentsHADA.com
이메일	conhada@naver.com
책임총괄	이순석, 정길호

값 13,000원

※ 잘못된 책은 구입한 곳에서 바꾸어 드립니다.
※ 본 책의 내용에 대한 무단 전재 및 복제를 금합니다.

상상이 현실이 되고
현실이 가상이 되는

ETRI_easy IT

가상현실
증강현실의
미래

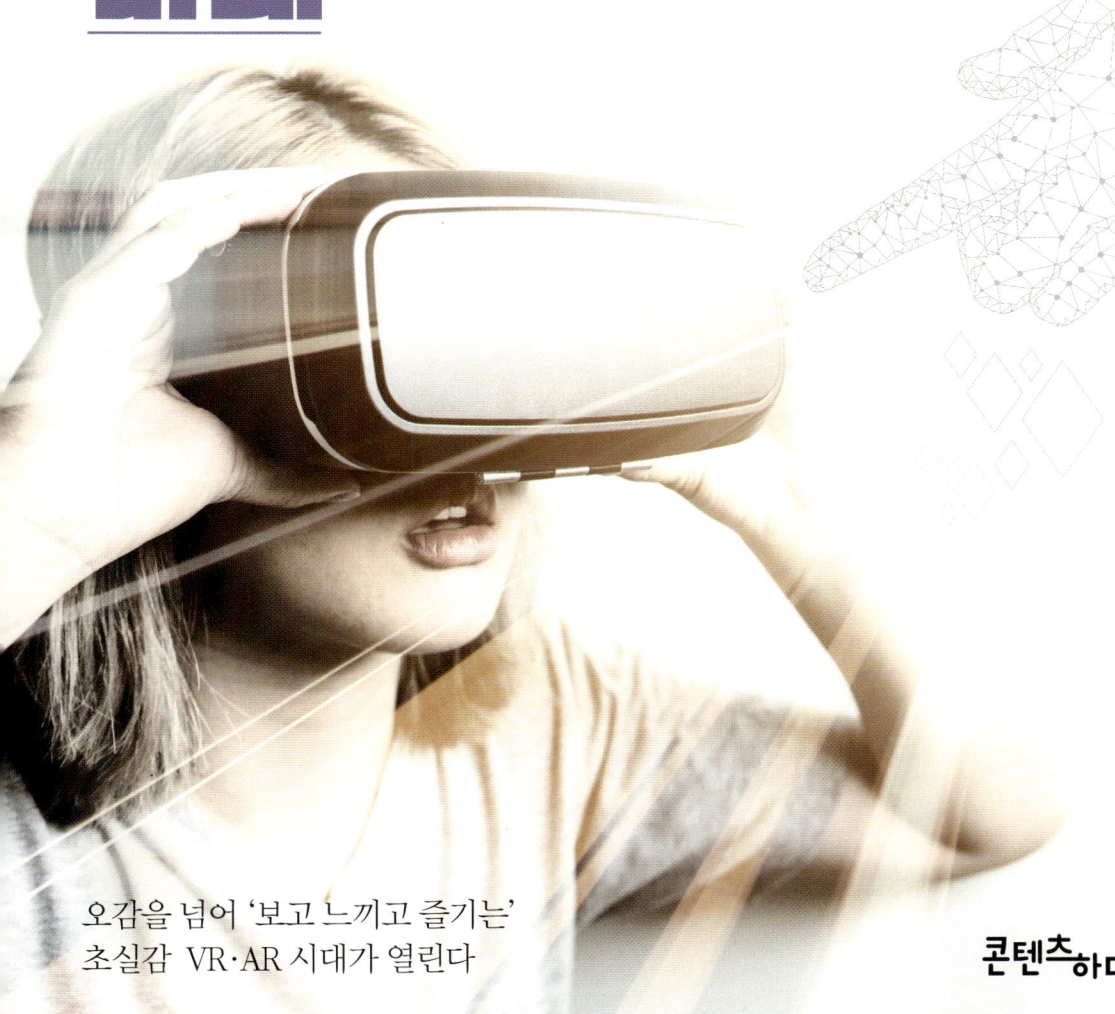

오감을 넘어 '보고 느끼고 즐기는'
초실감 VR·AR 시대가 열린다

콘텐츠하다

시공간을 넘어 소통하는
소셜 플랫폼의 미래, VR·AR

　지금까지 눈앞에 보이는 현실 세계가 전부라고 생각했다면, 이제부터는 '가상현실(VR)·증강현실(AR)'을 통해 현실에서 볼 수 없었던 상상 속 미지의 세계가 눈앞에 펼쳐지는 새로운 경험을 하게 될 것입니다. 가상현실·증강현실은 과거나 미래, 또는 멀리 떨어져 있어 접할 수 없었던 사람이나 사물, 주변 환경들을 같은 시간과 공간에서 소통할 수 있게 만들어줄 것입니다. 가상현실·증강현실이 '과거-현재-미래'를 이어주며 새로운 세계와 교감할 수 있게 해줄 것입니다.

　또한 지금까지 눈과 귀로 보고 듣는 수준에서, 이제는 만지고 느끼고 상호작용할 수 있는 '오감 체험'을 통해 현실과 가상 세계를 직간접적으로 경험할 수 있을 것입니다.

　이처럼 ICT(정보통신기술)는 시간과 공간의 벽을 넘어 마치 타임머신을 타고 과거와 미래로 시간여행을 하는 것과 같은 새로운 체험과 상상력을 제공해줄 것입니다.

　현재 가상현실·증강현실 관련 콘텐츠는 아직 다양하게 즐길 수 있는 수준에는 이르지 못했지만, 앞으로 우리의 일상 공간 자체가 콘텐츠 제작 스튜디오가 될 것이 분명합니다. 우리의 경험과 상상력이 가상현실·증강현실 세계의 스토리가 될 수 있을 것이며, 이 책에서 다루고 있는 가상현실·증강현실 이야기의 주인공이 바로 여러분이 될 것입니다.

ETRI가 펴낸 《가상현실·증강현실의 미래》는 독자 여러분에게 가상현실·증강현실 관련 요소 기술뿐만 아니라 테마파크, 게임, 스포츠, 교육, 산업, 국방 분야 등에 적용된 콘텐츠 제작 사례를 통해 '기기-플랫폼-콘텐츠'에 이르는 VR·AR 산업 생태계에 대한 이해를 높이고, 새로운 비즈니스 기회를 발견하는 데 도움이 될 수 있을 것입니다.

덧붙이건대 제4차 산업혁명 시대의 도래에 따라 펼쳐질 미래의 가상현실·증강현실 세계를 경험해보고자 하는 독자들에게 이 책이 좋은 길잡이가 되기를 희망합니다.

ETRI SW콘텐츠연구소장
한동원

서문

상상할 수 있는 모든 상황을 체험할 수 있는 VR·AR 시대가 온다

주로 영화의 소재로 사용되면서 알려졌던 '가상현실(VR)·증강현실(AR)'은 몇 년 전부터 전시관, 박물관, 테마파크 등에서 일반인들에게 널리 체험할 수 있는 기회가 제공되면서 점점 친숙한 기술이 되고 있습니다. 또한 최근 화두가 되고 있는 제4차 산업혁명을 이끌 주요 원동력이 될 핵심 기술의 하나로 VR·AR이 부각되면서 향후 그 발전 가능성에 대한 기대감이 높아지고 있습니다. 실제로 선진국 글로벌 기업들은 VR·AR 관련 분야에 대규모의 투자를 아끼지 않고 있습니다.

이렇듯 전 세계가 주목하고 있는 VR·AR은 실제로 경험하기 힘들거나, 반복적인 훈련이 필요한 상황, 또는 상상에만 의존할 수 있는 허구의 상황 등과 같이 사람이 생각할 수 있는 모든 상황을 컴퓨터를 통해 사실적으로 재현하여 다양한 목적으로 활용되도록 하는 기술을 의미합니다.

이 책에서는 미래 유망 기술인 VR·AR이 '테마파크, 게임, 스포츠, 교육, 산업, 국방' 등 다양한 분야에서 어떻게 활용되고 있는지 실질적인 사례를 소개함과 동시에, 해당 사례에 대해 VR·AR과 관련한 어떤 원리와 기술 요소가 적용되었는지 알기 쉽게 전달하고자 했습니다.

이 책은 총 4장으로 구성되어 있습니다. 1장에서는 VR·AR에 대한 간략한 소개와 VR·AR 기술의 차이점을 설명하고, 현재와 미래의 시장 전망 및 기술 동향을 살펴보았습니다. 2장에서는 실제 사례를 중심으로 테마파크, 게임, 스포츠, 교육, 산업, 국방 등 다양한 분야에 적용된 VR·AR 기술을 소개하면서, 독자들이 쉽게 이해할 수 있도록 스토리텔링 방식으로 가상의 시나리오를 구상하여 제시했습니다. 3장에서는 VR·AR에서 다루어지는 기술들을 개별적인 요소 기술들로 분류하고, 각각의 요소 기술을 좀 더 상세하게 설명했습니다. 마지막 4장에서는 ETRI에서 개발한 VR·AR 연구 결과물들이 다양한 분야에서 실제로 활용되고 있는 사례들을 소개함으로써 독자들에게 VR·AR 기술의 현재와 미래를 엿볼 수 있도록 했습니다.

현재 일상생활에서 접하고 있는 VR·AR 기술은 그간의 오랜 세월 동안 국내외 많은 연구자들의 끊임없는 노력의 결실이기는 하나 아직은 여러 부분에서 개선될 여지가 많은 것도 사실입니다. 하지만 지속적인 노력을 통해 VR·AR 기술의 결실이 보다 더 향상되고 새로운 모습으로 우리에게 다가오고 있습니다. 모쪼록 스마트폰 이후의 차세대 미디어 플랫폼으로 VR·AR 기술이 전 세계에서 각광받을 수 있기를 기대하면서, 이 책을 통해 많은 독자들이 미래의 기술과 일상생활의 모습을 전망하는 데 도움이 되기를 바랍니다.

ETRI 차세대콘텐츠연구본부
VR·AR 관련 연구부서
저자 일동

목차

상상이 현실이 되고 현실이 가상이 되는
가상현실 증강현실의 미래

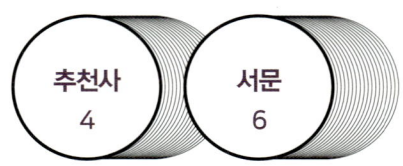

추천사 4
서문 6

1장

VR·AR, 가상과 현실의 경계를 허물다

01 VR·AR은 가상과 현실 세계 소통의 플랫폼 12
- 차세대 산업 성장 동력으로 주목받는 가상현실·증강현실
- 가상현실·증강현실을 넘어 혼합현실 시대로

02 VR·AR은 무엇이 다른가? 18
- 진짜 같은 가짜 VR, 진짜 위에 덧입혀진 가짜 AR
- 오감 체험형 콘텐츠로 진화하는 가상현실·증강현실

03 VR·AR의 전망과 동향은 어떠한가? 26
- 가상현실·증강현실의 시장 전망은 어떠한가?
- 가상현실·증강현실의 기술 동향은 어떠한가?

2장

VR·AR 기술 어디까지 왔나?

01 VR·AR의 활용 분야는 어떤 것이 있을까? 42
- **VR·AR을 선도하고 있는 6대 분야** : 테마파크, 게임, 스포츠, 교육, 산업, 국방

02 스토리로 읽는 VR·AR 세상 49
- 가상현실·증강현실 기술이 만드는 새로운 세상
- **도심 속에서 즐길 수 있는 VR·AR 테마파크** : 실제 국내외 VR·AR 테마파크 사례
- **"진짜야 가짜야", 실감 나는 체험을 제공하는 VR·AR 게임** : 실제 국내외 VR·AR 게임 사례
- **'보는' 즐거움과 '하는' 즐거움을 동시에 만족시키는 VR·AR 스포츠** : 실제 국내외 VR·AR 스포츠 사례

- **VR·AR 실감 콘텐츠로 배우는 생생한 체험 교육** : 실제 국내외 VR·AR 교육 사례
- **산업 현장에서 안전하고 편리하게 배울 수 있는 VR·AR 훈련** : 실제 국내외 VR·AR 산업 적용 사례
- **"훈련이야 실전이야", 실전 같은 VR·AR 군사 훈련 시스템** : 실제 국내외 VR·AR 국방 적용 사례

3장 오감을 실현하는 VR·AR의 요소 기술

01 시공간을 제어하는 VR·AR 기술의 세계 　　136
- 상상을 현실로 만드는 VR·AR의 대표적 기술

02 VR의 주요 요소 기술 　　139
- 몰입 가시화 기술
- 실감 상호작용 기술
- 가상현실 환경 생성 및 시뮬레이션 기술

03 AR의 주요 요소 기술 　　159
- 센싱 및 트래킹 기술
- 영상 합성 기술
- 실시간 AR 상호작용 기술

4장 ETRI의 가상현실 콘텐츠 제작 사례

01 디지털 테마파크 VR 콘텐츠 　　168
- 가상 사파리(Virtual Safari) ● 가상 패러글라이딩 시스템 에어글라이더(Virtual Paragliding System AirGlider) ● 가상 롤러코스터(Virtual Coaster)
- 번개 펀치(Thunder Punch)

02 산업 활용 및 교육 훈련 VR 콘텐츠 　　190
- 가상 용접 훈련 시뮬레이터 ● 가상 기중기 훈련 시뮬레이터 ● 안경형 디스플레이(EGD) ● 디지털 그래피티 캔버스(Digital Graffiti Canvas) ● 실린더 디스플레이 기반 별자리 그리기 ● 매직 큐브 및 프로젝션 팝업북

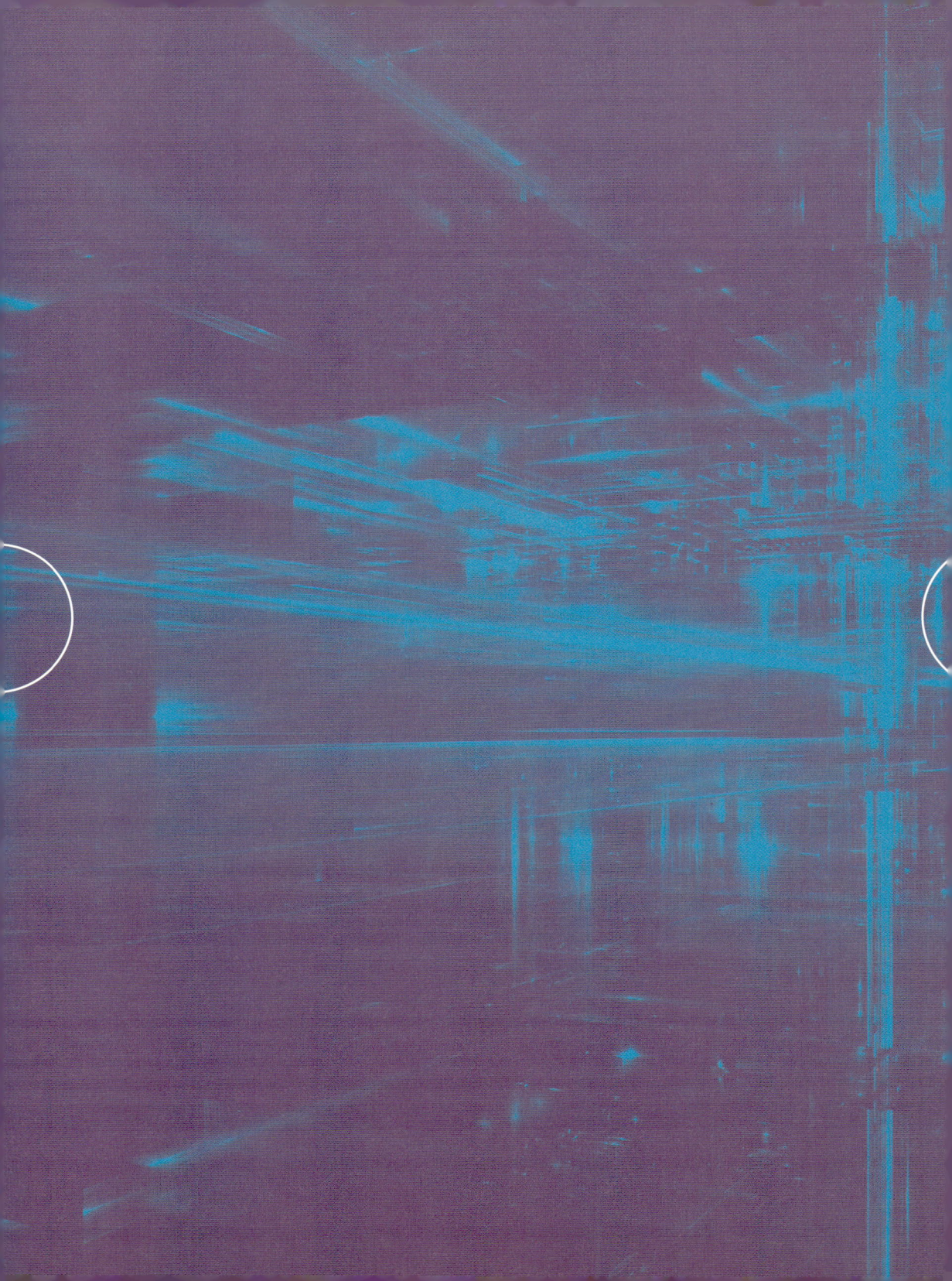

1장

VR·AR, 가상과 현실의 경계를 허물다

01

VR·AR은 가상과 현실 세계 소통의 플랫폼

차세대 산업 성장 동력으로 주목받는 가상현실·증강현실

가상현실(VR, Virtual Reality) 개념이 등장하고 기술 개발이 진행된 지 70여 년이 흘렀다. 사실 가상현실이란 개념 자체는 오래전에 형성되었고, 연구는 1950년대부터 시작된 것으로 알려져 있다. 여전히 넘어야 할 기술 장벽이 많지만 가상현실은 점점 더 현실에 가까워지고 있으며 관련 기술 전망은 밝다. 가상현실 기술 개발 초기에는 대부분의 입출력 장치나 컴퓨팅 시스템들이 고가라는 제약 때문에 미국을 중심으로 한 가상 국방 전투훈련 시뮬레이션과 같이 일부 특화된 분야에만 개발이 집중되어 왔다.

하지만 페이스북의 최고경영자인 마크 저커버그가 "차세대 플랫폼은 가상현실이 될 것이다"라고 밝힌 것처럼 몇 년 전부터 페이스북, 마이크로소프트 등 거대 글로벌 IT 기업들의 주도하에 가상현실 기술 개발에 대한 막대한 투자가 이루어지고 있다. 그 결과 머리에 착용하고 가상현실을 체험하는 디스플레이인 HMD(Head Mounted Display)와 모션 센서 같은 핵심 가상현실 하드웨어 기기들이 시장에 저가로 공급되는 수준에 이르렀다. 이에 발맞추어 게임 엔진을 기반으로 한 인터랙티브 콘텐츠와 고품질 360도 영상들의 제작이 급증하면서 나날이 괄목할 만한 성장세를 나타내고 있다.

인간이 상상할 수 있는 가상의 상황은 무궁무진한 데 반해 그 상상을 컴퓨터를 이용해 콘텐츠로 구현하고 그 결과를 오감 체험 장치를 통해 실제와 같은 몰입감과 감동을 느끼게 하기에는 부족함이 많았던 과거 기술의 한계가 급속한 IT 기술의 발전에 힘입어 단계적으로 해결되어 가고 있다는 의미다. 그에 따라 다양한 분야에서 가상현실이 주는 매력을 앞다투어 도입하기 시작했다. 현재는 도심형 실내 디지털 테마파크, 교육, 산업 훈련, 스포츠, 게임, 국방 등의 분야에서 가상현실 기술이 적극적으로 활용되고 있는 추세다.

거대 시설물을 갖추고 테마 환경을 통해 상상 속의 세상을 경험하도록 하는 대표적 엔터테인먼트 분야인 테마파크에서는 고속의 롤러코스터 기계 장치가 제공하는 아날로그적 체험의 바탕 위에 탑승자가 착용한 HMD를 통해 가상현실 콘텐츠가 제공하는 재미가 더해짐으로써 새로운 디지로그(Digilog : 디지털digital과 아날로그analog의 합성어로, 디지털 기술과 아날로그적 요소를 융합시키는 것)형 롤러코스터 경험이 가능하게 되었다.

과학 수업 시간에 학생들이 HMD를 착용하고 주위를 둘러보면 태양계의 여러 행성들과 별, 인공위성이 자기 주변에 떠다니는 모습을 관찰할 수 있다. 또한 교과서의 공룡 그림을 태블릿PC 카메라로 비추면 살아 있는 듯한 움직이는 공룡의 모습이 태블릿PC에 재현된다. 교육 현장에서 가상현실·증강현실을 활용함으로써 주입식 학습에서 탈피한 능동적이고 자기 주도적인 체험 학습이 이루어지는 스마트 교실을 만드는 것이 가능해진 것이다.

조선업 및 제조업 산업 현장에서도 숙련된 기술을 익히기 위해 오랜 기간이 요구되는 대형 선박의 외벽 페인팅 작업, 많은 위험 상황을 초래할 수 있는 고난이도 용접 작업과 같이 재직자들을 위한 실무 훈련을 위해 안전하고 무한 반복이 가능한 가상현실 훈련 시뮬레이션 기술을 적극 도입하려는 추세다.

스크린 골프의 열풍에 뒤이어 카메라와 센서 등을 통해 사용자의 몸짓과 공의 회전을 보다 정밀하게 컴퓨터로 파악하여 콘텐츠와 연동시키는 실내 축구와 야구의 상용 서비스도 진행되고 있다. 야구 경기장의 생생한 현장 모습을 경기장 주변에 설치한 여러 개의 360도 카메라를 통해 촬영하여 이를 시청자들에게 생동감 있게 실시간으로 전송하는 작업도 스포츠 분야에서 시도되고 있다.

가상현실·증강현실을 넘어 혼합현실 시대로

이와 같이 가상현실 기술이 변화시키고 있는 다양한 분야에서의 모습들은 가까운 미래에는 현실 세계의 정보를 보다 효과적으로 활용하여 가상의 경험으로 확장하는 증강현실(AR, Augmented Reality), 혼합현실(MR, Mixed Reality) 기술과 연계되어 더욱 발전할 것으로 기대된다. 또한 제4차 산업혁명 시대의 핵심 기술로 떠오르고 있는 인공지능(AI), 빅데이터, 초연결 기술과 융합하면서 보다 폭넓은 분야에서 시너지 효과가 창출되고, 일상생활 전반에서 친숙하게 접하게 될 것으로 예상된다.

미래의 교육은 서로 다른 지역에 있는 학생들이 네트워크를 통해 함께 공유하여 협업할 수 있는 가상공간에서 이루어질 수도 있고, 혹은 원격지 교실에 있는

학생들이 가상현실 기술을 통해 다른 원격지에 있는 교실로 이동해서 수업을 받는 방법으로 이루어질 수도 있다. 예를 들면 가상 교실과 채팅 로봇을 이용하여 학생은 수업에 필요한 자료나 질문을 요청하여 답을 얻고, 원격지의 다른 학생들과 손쉽게 공통 주제에 대한 실시간 협력 학습을 진행할 수 있게 된다. 서울에 위치한 어느 학교에서 과학 수업을 하고 있는 학생들이 대전에서 수업을 하고 있는 학생들과 같은 장소에서 수업을 듣고 있는 것처럼 같이 보고, 같이 느끼고, 같이 반응하는 시공간을 초월한 다대다 협력 수업이 가능해지는 것이다.

많은 산업체들의 생산 현장에서는 사물인터넷(IoT) 센서들과 제품을 네트워크를 통해 연결하여 수많은 제조 공정 및 제품들과 연계된 대용량의 데이터 상황을 상시적으로 관찰하여 이상이 있는지 없는지를 판단함으로써 생산부터 관리에 이르는 전 공정에서의 정밀성 향상이 기대된다. 또한 외국의 생산 현장에서 설비의 오작동 및 고장, 수리로 인해 긴급한 상황이 발생했을 경우 그 장면을 국내의 전문가가 광대역망을 통해 실시간으로 외국의 현장 작업자와 공유하면서 증강현실 형태의 가이드 정보(또는 촉각 인터랙션)를 통해 조치할 수 있도록 하는 원격 제어형 유지·보수도 가능할 전망이다.

경기장 주요 장소 곳곳에 설치된 360도 카메라 외에, 다수의 드론을 하늘에 띄워 방대한 양의 스포츠 경기 장면 빅데이터를 수집하고 이를 하나의 가상현실 영상으로 가공하여 전 세계 관람자들에게 동시에 제공할 수 있는 날도 머지않았다. 시청자들은 집에서도 마우스나 조이스틱 조종만으로 원격 경기장을 누빌 수 있으며, 자신이 선호하는 위치에서 좋아하는 선수와 팀을 응원하며 자신만의 맞춤형 스포츠를 즐기게 될 것이다. 나아가 스포츠 각 종목마다 체험자의 모션 정보를 기반으로 한 AI 코칭이 부상하리라 예상된다. 체험자의 자세가 올바른지 아닌지 판단하고, 유명 선수들의 좋은 자세를 모아놓은 빅데이터로부터 최적의 자세를 만들어 체험자에게 피드백하여 교정을 위한 맞춤형 트레이닝 가이드 역할을 해줄 수 있을 것으로 전망된다.

주로 실내에서 이루어졌던 게임들은 GPS의 위치 탐지 기술이 보다 발전하고 증강현실 안경들이 공급되면서 실외 환경에서 가상의 3D 캐릭터들과 경쟁하며 육체 활동도 증진할 수 있는 형태로 변화되고, 테마파크형 엔터테인먼트의 한 장르로 자리 잡을 수 있을 것으로 기대된다.

직접 경험하지 못하는 현실 세계의 다양한 상황이나 존재하지 않는 상상 세계의 모습을 콘텐츠로 연출하고 이를 인간의 감각 기관을 통해 보고, 듣고, 만지게 하는 과정에서 사용자로 하여금 가공된 상황이 마치 실제로 존재하는 것 같은 착각을 불러일으키게 하는 것이 가상현실의 궁극적인 목표다.

이러한 목표를 추구하기 위해 필요했던 다양한 첨단 기술들이 최근 전자 기기, 소프트웨어, 콘텐츠, 네트워크 분야의 급속한 발전으로 과거와 비교할 수 없는 수준으로 지원되고 있다. 게다가 현실 세계의 방대한 데이터와 이를 효과적으로 처리하기 위한 AI 기술이 해를 거듭할수록 진화할 것으로 예상되기 때문에, 이를 자양분 삼아 발전하게 될 가상현실 기술이 만들어낼 미래의 모습은 현재로서는 상상하기 어려울 정도다. 생각하건대 가상과 현실을 구분하기 어렵고 온몸으로 현실을 체감하는 수준에 이를 것으로 예상된다.

이런 밝은 기술적 전망에도 불구하고 가상현실이 일반 대중에게 보다 생활 밀착적인 서비스와 미디어로 상용화되기 위해서는 많은 과제들을 해결해야 한다. 예를 들면 가상현실 콘텐츠를 이용하는 동안에 발생할 수 있는 어지럼증, HMD 착용의 불편함, 장시간 사용이 어렵다는 한계점 등이 그것이다.

그렇지만 궁극적으로 가상현실 기술은 콘텐츠를 통해 인간의 창의성을 향상시키고, 문화, 교육 훈련 등 일상생활의 많은 부분에 디지털적 요소를 가미해 보다 풍부하고 자연스러운 경험을 제공하고 질적으로 윤택한 삶을 영위하는 데 중요한 역할을 할 것임에 분명하다.

02

VR·AR은 무엇이 다른가?

> 진짜 같은 가짜 VR,
> 진짜 위에 덧입혀진 가짜 AR

지난해 증강현실(AR) 게임인 '포켓몬GO'가 선풍적인 인기를 끌면서 우리나라에서도 가상현실(VR)과 더불어 증강현실에 대한 관심이 높아지고 있다. 포켓몬GO는 2016년 7월에 발매된 후 7개월 만에 글로벌 매출 10억 달러(약 1조 원)를 돌파했는데, 2020년이면 이 같은 가상현실·증강현실 세계 시장은 1,500억 달러에 이를 것으로 전망된다. 포켓몬GO와 같이 인기 있는 게임과 앱을 통해 가상현실·증강현실이 일반인에게 널리 알려지면서 관련 산업이 급성장하고 있고 구글, 소니, 마이크로소프트, 삼성전자 등 글로벌 기업들이 원천 기술 확보를 위한 치열한 경쟁을 벌이고 있다.

가상현실·증강현실이 일상생활에 점점 다가오고 있지만 여전히 많은 사람들이 두 기술이 어떤 면에서 같고, 어떻게 다른지 궁금해하는 듯하다.

우선 가상현실·증강현실 모두 컴퓨터를 이용해 구축한 가상공간 또는 증강현

가상현실 예

실 공간 내에서 사용자가 시각, 청각, 촉각 등 인간의 오감을 활용한 상호작용을 통해 공간적, 시간적, 물리적 제약에 의해 현실 세계에서는 직접 경험하지 못하는 상황을 체험할 수 있는 체감형 콘텐츠를 운용하는 기술이다.

좀 더 구체적으로 설명하자면 가상현실 기술은 컴퓨터로 만든 가상 환경 내에서 사용자의 오감 정보를 확장·공유함으로써 현실 세계에서 경험하지 못하는 상황을 실감적으로 체험할 수 있게 하는 총체적 기술을 말한다. 이때 가상현실은 '인간의 상상력, 몰입감, 상호작용' 세 가지 핵심 요소를 갖추어야 한다.

증강현실 예 출처 : http://www.klickar.com/services/augmented-reality-ar/

   증강현실 기술은 현실 공간과 사물에 증강된 디지털 콘텐츠를 내재시킴으로써 사용자에게 보다 많은 체험 서비스를 제공하는 기술이다.

   쉽게 설명하자면 가상현실은 증강현실과 달리 배경, 환경, 객체(이용자 자신 등) 모두가 현실이 아닌 가상 이미지로 구현한 기술을 말한다. 모든 이미지가 가상인 것은 가상현실이며, 현실에 가상 정보를 덧입혀 실제와 가상이 혼합된 이미지로 구현한 기술이 증강현실인 것이다. 따라서 증강현실은 부분적으로 가상현실이라고 할 수 있다.

   최근에는 가상현실·증강현실에서 나아가 '혼합현실(MR)'이란 말이 등장하고 있는데, 이는 토론토대학교의 폴 밀그램(Paul Milgram) 교수가 '현실-가상 연속성 (Reality-Virtuality continuum)'을 설명하면서 개념화한 용어다. 밀그램은 자연 풍경과 같은 '현실 환경'과 컴퓨터로 구현한 '가상 환경' 외에, 현실 환경에 가상 객체를 증강시키는 '증강현실(AR)', 가상 환경에 현실 객체를 증강시키는 '증강가상

폴 밀그램(Paul Milgram)의 혼합현실 개념

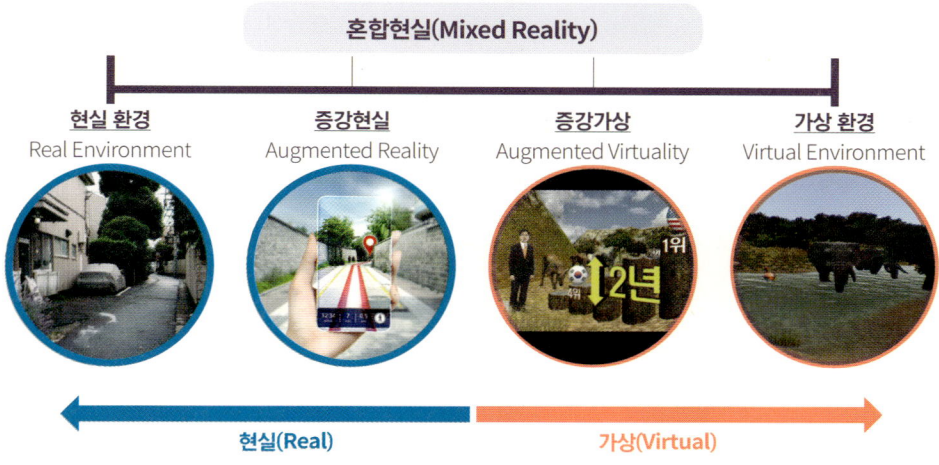

출처 : 현실 환경, 증강가상, 가상 환경 사진은 ETRI, 증강현실 사진은 게티이미지뱅크의 이미지임.

(AV)'이라는 현실과 가상의 정보를 혼합하는 두 가지 다른 예를 제시했다.

오감 체험형 콘텐츠로 진화하는 가상현실·증강현실

현재 가상현실 기술은 다양한 산업 분야에서 고객을 시장으로 유인하는 역할을 해주고 있다. 기존에 경험하기 어려웠던 최신 첨단 기술의 특징을 가상현실 관련 제품이나 서비스를 통해 소비자의 관심을 환기시키고 시장의 성숙을 촉진하는 역할을 하고 있는 것이다. 3D TV 및 영화에 대한 수요와 관련 장비 판매량도 꾸준히 증가하는 등 TV, 영화, 가상현실 테마파크와 같은 디지털 미디어 산업 분야에서는 가상현실 기술을 응용한 콘텐츠에 대한 사용자의 체험 욕구가 증가하

주요 IT 업체의 가상현실 플랫폼 확장 현황

기업	내용
구글	최근 웨어러블 기기 인터페이스를 개발하는 매직리프에 대규모 투자
페이스북	오큘러스와 페이스북 플랫폼의 연동 추진 중
애플	고글 형태의 가상현실 기기 특허를 출원하여 관련 제품을 개발 중
마이크로소프트	2014년 11월 일루미룸의 차기 버전인 게이밍 광학 기술인 룸얼라이브 공개
소니	플레이스테이션 VR(PS VR)과 함께 PS4를 가상현실 플랫폼으로 확장하기 위해 시도 중

고 있다. 이는 그동안 경험해보지 못한 3차원 영상 콘텐츠에 대한 소비자들의 기대 심리가 크게 작용했기 때문일 것이다.

　가상현실은 스마트폰 생태계 이후 가장 성장이 유망한 산업으로 지목되고 있다. 즉 스마트폰 시장에서 가상현실로 시장 확대가 가능하여 선진국들과 기업들의 가상현실 기술 개발과 투자가 확대되고 있는 상황이다. 페이스북, 구글, 마이크로소프트 등의 기업들이 가상현실 시장에의 진출을 공식화하고 관련 기술의 생태계(기기-플랫폼-콘텐츠) 선점을 위한 연구개발 투자를 확대하고 있다. 국내의 경우는 삼성전자와 LG전자를 중심으로 360도 영상 획득용 카메라와 VR 디스플레이 장치 시장을 중심으로 생태계 구축을 시도하고 있다.

　가상현실 기술이 발달하고 관련 시장이 확대됨에 따라 향후 시공간의 제약을 벗어나 가상과 현실이 융합된 콘텐츠 서비스가 생활 전반에 활용될 전망이다. 사용자가 가상현실 공간에서 실재하는 느낌을 구현하는 등의 기술처럼 사용자 편의 중심의 콘텐츠가 확대될 것으로 예상된다. 이 같은 가상현실 실감 콘텐츠를 구현하기 위한 영상 표현 기술로 360도 촬영 영상을 생성하여 공간에 프로젝션 하는 기술이 개발 중이며, 공간에 입체영상을 표현하는 홀로그램 기술로 발전될 전망이다. 또한 마이크가 내장된 스마트폰의 보급으로 음성인식이 주요한 인식 기능으로 발전하고 있으며, 일상생활에서 기기를 착용한 상태로 활용하는 것을 전제로 한 증강현실이 주된 인터페이스로 활용될 전망이다. 가상현실 콘텐츠의 실감성과 몰입감을 향상시키기 위해 촉각, 후각, 미각 등 오감을 자극하는 인터페이스 기술의 진화도 예상된다.

가상현실 기술은 제조, 관광, 스포츠, 의료, 게임, 훈련, 엔터테인먼트, 공연·전시, 국방 등의 산업의 부가가치를 높이는 핵심 기술로 다양한 산업 분야와 융·복합이 가능한 특성을 가지고 있다. 가상현실 기술은 엔터테인먼트 분야를 선두로 수요가 증대되면서 이에 따른 신시장이 창출되고 있으며 그 영향력이 확대되어 다른 산업의 전반적인 활성화가 기대되고 있다. 이처럼 가상현실은 고용 창출 효과가 큰 기반 기술로 주목받고 있다.

또한 가상현실 기술과 연계하여 사회 전 계층에서 보다 평등하게 스포츠, 의료, 여행 등을 즐길 수 있는 복지 인프라의 단초를 마련할 수 있을 것으로 전망된다. 실생활에 이용할 수 있는 다양한 분야의 가상현실 산업 환경을 바탕으로 생활 정보, 엔터테인먼트, 질 높은 의료, 각종 재난 훈련 등의 서비스가 제공됨으로써 국민의 편익을 증진하는 데 도움이 될 것으로 전망된다.

가상현실은 오감을 자극하는 경험을 제공하여 마치 영상에 직접 들어가 있는 것 같은 현장감과 몰입감을 제공함으로써, 사용자가 콘텐츠를 단순히 관람하는 것이 아니라 '오감으로 체험'하는 수준으로 진화될 것이다. 예를 들어 지리적으로 분산되어 있는 사용자들이 같은 물리적 공간에 있는 것처럼 가상 환경에서 실시간 협업(원격 가상회의, 원격 오케스트라 등)이 가능하게 될 것이다.

최근에는 모바일 기기와 각종 센서의 성능이 향상되고, GPS 등의 위치 인식 인프라가 확대되고 있으며, 오픈소스 기반의 모바일 OS가 등장하고 있다. 이를 바탕으로 혼합현실 기술을 활용한 모바일 콘텐츠 산업이 확대되고 관련 시장이 급속히 팽창할 것으로 예상된다.

또한 스마트폰을 이용한 증강현실 기술을 구현하는 데 그 한계를 해소하고자 투과형(See-Through) 디스플레이를 사용한 안경 또는 착용형 타입의 기기로 계속 진화하고 있으며, IT 선진 기업들이 증강현실 HMD 신제품을 앞다투어 공개하고 있다. 이처럼 개인화된 증강현실 콘텐츠 서비스가 부상하고 있어 투과형 HMD인 AR 글라스가 주를 이루고 있다. 마이크로소프트의 홀로렌즈(Microsoft Hololens), 메타의 메타 글라스(Meta glass) 등과 같이 스마트 글라스 장치의 성능이 향상되고 경량화되면서 이를 활용하여 디지털화된 가상공간의 정보를 현장의 사용자에게 즉각적으로 제공하려는 시도가 주목받고 있다. 스마트 글라스에 장착된 RGB-D(Red, Green, Blue plus Depth) 카메라를 이용하여 사전에 모델링 되어 있지 않은 임의의 공간을 실시간으로 3차원 환경으로 모델링하고 가상공간을 정합하는 기술, 즉 현실 공간, 가상공간, 원격 공간이 한데 어울리도록 하는 기술이 빠르게 발전하고 있다.

현재 증강현실은 주로 마케팅, 미디어, 엔터테인먼트, 교육 등의 분야에 활용되고 있으나, 의료나 제조 분야와 같이 다양한 산업 전반에서 실제적으로 활용되기 위해서는 대상 객체의 인식과 트래킹의 정밀도를 향상시키는 것이 관건이다. 또한 작고 가벼우며 배터리를 내장해 외부의 전원 없이 화면 투사가 가능한 피코 프로젝터(pico projector, 초소형 빔 프로젝터)가 출시됨에 따라 프로젝션 기반의 웨어러블 증강현실 분야의 기술 발전이 가속화되고 있다.

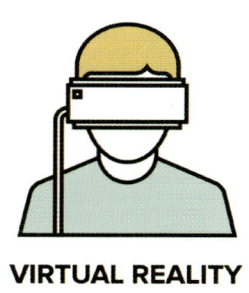
VIRTUAL REALITY

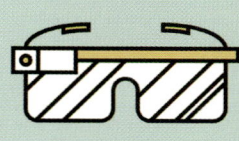
AR GLASSES

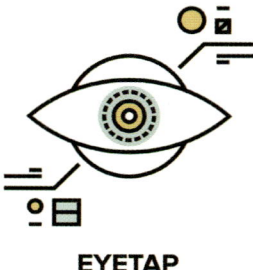
EYETAP

VR GAMING

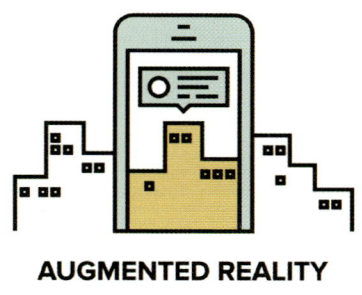
AUGMENTED REALITY

TRACKING DEVICES

SOFTWARE

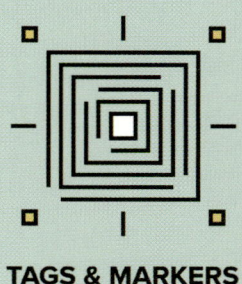
TAGS & MARKERS

TELEPRESENCE

03

VR·AR의 전망과 동향은 어떠한가?

가상현실·증강현실의 시장 전망은 어떠한가?

    가상현실·증강현실 기술의 활용도가 높고 사용자의 편의성을 높여줄 것으로 예상됨에 따라 관련 기술이 주목받고 있으며, IT 기업들의 기술 개발에 대한 투자가 확대되고 있다. 가상현실·증강현실 기술은 다양한 분야 간 융합을 통해 기업들이 관련 기술의 사업화를 촉진할 수 있는 방안이 마련되고 있는 추세다.

    IT 전문 시장조사 업체 가트너(Gartner)의 하이프 사이클(Hype Cycle)◀미주1에 의하면 현재 가상현실 기술은 '현실적 재조정기(Trough of Disillusionment)' 단계에 속해 있는데, 기술에 대한 투자가 지속적으로 유지되고 있고 얼리 어답터를 만족시킬 수 있는 상품 개발이 진행되고 있다. 따라서 향후 5~10년 이내에 가상현실 기술이 상용화 및 안정기로 접어들어 광범위한 시장으로 전이될 것으로 전망된다.

    이러한 시장의 요구에 따라 페이스북, 구글, 마이크로소프트, 애플 등 주요 ICT

국내 가상현실 시장 현황 및 전망(2015년 기준)　　　　　　　　　　　　(단위 : 억 원)

구분	2015년	2016년	2017년	2018년	2019년	2020년	연평균 성장률 (CAGR)
하드웨어(HW)	8,805	12,678	18,255	26,266	37,848	54,497	40.6%
콘텐츠	831	1,057	1,346	1,713	2,180	2,774	27.3%
종합	9,636	13,735	19,601	27,999	40,028	57,271	39.7%

출처 : 과학기술정보통신부 한국VR산업협회, 2015년

기업들이 가상현실·증강현실을 스마트폰에 뒤이을 미래 산업으로 지목하여 생태계 선점을 위한 투자와 연구개발 확대로 경쟁이 가속화되고 있다.

국내 가상현실 시장은 게임, 애니메이션, 디지털 영상, 이러닝(e-Learning) 등의 분야로 응용 산업이 확산되고 있으며, 모바일 중심의 하드웨어 시장이 급성장할 것으로 예상된다. 국내 가상현실 시장 현황 및 전망을 살펴보면 2015년 기준 9,636억 원에서 2016년에는 1조 3,735억 원으로 전년 대비 42.4퍼센트 성장이 예상되며, 2020년에는 약 5조 7,000억 원에 이를 것으로 전망된다.

또한 HMD를 비롯한 가상현실 하드웨어가 큰 시장을 형성하며 관련 시장의 성장을 주도하고 있으며, 향후에도 소프트웨어와 함께 큰 수익을 거둘 수 있을 것으로 전망된다. 전 세계 가상현실 하드웨어와 소프트웨어의 통합 시장 규모는 2016년에 약 44억 달러에서 2020년에는 약 142억 달러, 2025년에는 약 2,300억 달러 규모로 연평균 76퍼센트의 성장이 예상된다(2025년 예상 규모는 연평균 성장률을 기반으로 추정했다).

세계 시장을 살펴보면 실감형 콘텐츠 분야별 시장의 경우 가상현실과 증강현실이 연평균 각각 75.6퍼센트, 108.1퍼센트 성장(CAGR)할 것으로 전망된다.

세계 실감형 콘텐츠 시장 현황 및 전망

(단위 : 억 달러)

세계 시장 구분	2014년	2015년	2016년	2017년	2018년	2019년	2020년	연평균 성장률 (CAGR)
CG	1,592.70	1,708.93	1,800.58	1,872.10	2,006.62	2,160.15	2,335.57	6.4%
가상현실	2.60	8.55	43.56	71.47	93.18	116.48	142.81	75.6%
증강현실	7.20	14.50	5.90	100.20	290.20	435.30	565.89	108.1%
홀로그램	186.23	206.54	229.84	256.60	287.92	300.85	325.78	9.5%
오감 인터랙션	94.15	130.83	171.52	226.51	288.33	357.30	425.70	26.6%

출처 : "실감형 콘텐츠 시장 현황 및 전망", ETRI 경제분석연구실, 2016년 2월. "Global Digital Content Market 2015~2019", 테크나비오(Technavio), 2015년 1월 28일 자료를 활용하여 추정함.

비고 : 실감형 콘텐츠는 국가별, 기관별로 그 정의와 범위가 상이하여 대표적인 5대 분야(CG, 가상현실, 증강현실, 홀로그램, 오감 인터랙션)를 대상으로 분석함.

2014~2019년 디지털 콘텐츠 시장 분야별 연평균 성장률(CAGR)

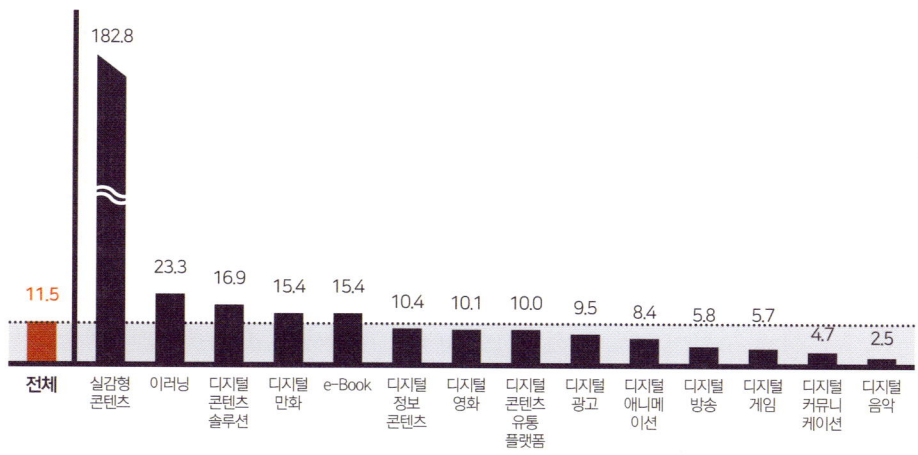

(단위 : %)

전체	실감형 콘텐츠	이러닝	디지털 콘텐츠 솔루션	디지털 만화	e-Book	디지털 정보 콘텐츠	디지털 영화	디지털 콘텐츠 유통 플랫폼	디지털 광고	디지털 애니메이션	디지털 방송	디지털 게임	디지털 커뮤니케이션	디지털 음악
11.5	182.8	23.3	16.9	15.4	15.4	10.4	10.1	10.0	9.5	8.4	5.8	5.7	4.7	2.5

출처 : 정보통신산업진흥원, "2015년도 국외 디지털 콘텐츠 시장조사", 2015년 12월

가상현실 하드웨어에서 스마트 글라스는 매우 큰 비중을 차지할 것으로 예상되는데, 2019년에는 약 60억 달러, 2023년에는 약 200억 달러의 수익을 거둘 것으로 전망된다. 시장조사 업체인 디지캐피털(Digi-Capital)은 증강현실의 경우 모바일 AR 기술을 중심으로 시장 규모가 2021년 기준 약 1,008억 달러로 예측하며 가상현실에 비해 3.5배 규모로 성장할 것으로 전망했다(디지캐피털 2017년 보고서). 가상현실은 2016년에 시장이 형성되어 시장이 조정되는 기간을 거쳐 점차 활성화될 것으로 전망되는 반면에, 증강현실은 2017년에 본격적으로 시장이 형성되고 2018년에 들어서면 그 성장 규모가 가상현실을 넘어설 것으로 전망된다. 증강현실은 시야가 확보되는 투과형 HMD와 시계 또는 반지 형태의 새로운 인터랙션 기술이 요구됨에 따라 가상현실보다 한발 늦게 시장이 열릴 것으로 전망된다. 가상현실은 게임과 같은 몰입형 콘텐츠로 성장할 것으로 보이며, 증강현실은 기존 산업의 응용 분야와 융합되어 더 큰 시장을 형성할 것으로 전망된다.

가상현실·증강현실의 기술 동향은 어떠한가?

가상현실 저작도구는 가상현실 콘텐츠를 제작하기 위한 엔진(Engine)과 특정 산업의 시뮬레이터(Simulator)를 위해 필요한 가상 모델링 디자인 기술 및 가상 인터랙션 사용자 평가 기술에 적용되고 있다. 가상현실 저작도구의 대표적인 예는 가상현실·증강현실 분야의 세계적 기업인 이온리얼리티(EON Reality)의 이온스튜디오, 엔비디아(NVIDIA)의 피직스(PhysX), 게임 엔진인 유니티테크놀로지스(Unity Technologies)의 유니티3D와 에픽게임즈(Epic Games)의 언리얼(Unreal) 등이 있다.

이러한 가상현실 저작도구들은 국방, 의학, 영화, 게임 등의 기존 산업과 공공 분야(우주 훈련, 재해 예측, 도시공학 등)에도 활용되고 있다. 가상현실이 3D로부터 확장되고, 가상현실 기술을 주도할 산업 분야로 게임이 부각되면서 PC와 모바일의 게임 엔진인 언리얼과 유니티3D가 범용적인 개발 툴로 활용되며 주목을 받고 있다. 언리얼은 미국의 게임 개발 회사인 에픽게임즈에서 개발한 대표적 PC 온라인 게임 엔진으로 모바일에서는 유니티에 영향력을 내주었으나, 3D에서의 강점을 바탕으로 가상현실 게임 개발에 대한 기능을 강화해 발전을 도모하고 있다. 국내 대표 게임인 '리니지'(2003년)를 비롯하여 대표적인 PC 게임 대부분이 언리얼로 개발될 만큼 가장 강력한 3D 게임 엔진이다. 한편 유니티는 스마트폰을 비롯하여 여러 플랫폼의 게임과 콘텐츠를 개발할 수 있는 강점을 가지고 있고, 구글과 협력하여 모바일 환경에서 가상현실 콘텐츠를 개발할 수 있는 기능을 강화할 계획이다.

일본의 경우 영향력 있는 자체 3D 게임 엔진을 가지고 있지는 않지만 플레이스테이션, 패미콤, 게임보이, 닌텐도 등 콘솔형 게임에서의 경쟁력과 경험을 바탕으

가상 체험
에어글라이더
시스템

출처 : ETRI

로 가상현실로 시장 확장을 추진하고 있다. 소니의 플레이스테이션과 닌텐도의 Wii는 콘솔 게임 부문의 경쟁력뿐만 아니라 동작 인식 센서를 도입하는 등 가상현실에 필요한 요소 기술과 경험을 갖추고 있다.

많은 선진국들이 이미 보유하고 있는 가상현실 저작도구에 양방향성과 능동적 UX(사용자 경험) 등의 기능성을 보강하면서 저가화 및 개방화 정책을 펼치며 세계 범용 저작도구화 전략을 추구하고 있다. 최근의 기술 동향은 가상현실과 접목하여 뇌를 속이는 실감의 단계에 머물지 않고, 실제적 모션을 체험할 수 있는 체감 융합형 모션 플랫폼으로 발전하고 있다. 이를테면 광시야각 HMD, 바람 체감, 입체 음향과 함께 가상현실 영상과 동기화된 모션이 제공되는 가상현실 융합형 모션 플랫폼이 등장하고 있다('가상 체험 에어글라이더 시스템' 사진 참조).

삼성의 기어 VR, 소니의 플레이스테이션 VR(이하 PS VR), 구글의 구글글라스, 페이스북의 오큘러스 리프트, 마이크로소프트의 홀로렌즈, LG의 VR HMD 등 세계적인 IT 기업들이 가상현실용 기기 및 센서 분야의 기술을 상용화하기 위해 치열한 경쟁을 벌이고 있다. 이러한 메이저 기업을 중심으로 프로젝션 몰입형 영상 가시화 및 착용형 디스플레이 기술의 본격적인 상용화가 진행되고 있다.

소니의 PS VR

출처 : ETRI

구글은 스포츠·액션 카메라 시장을 주도하는 고프로(GoPro)와 협력하여 고품질의 360도 영상을 얻을 수 있는 방법을 제시하는 '점프(Jump)' 프로젝트를 진행 중이다.

2016년 10월 소니는 전 세계 콘솔 게임 시장에서의 절대적인 지위를 이용하여 게임 콘솔과 연동해 가상현실을 즐길 수 있는 HMD(PS VR)를 출시했다. 소니는 플레이스테이션을 활용한 콘솔 게임 타이틀을 중심으로 가정용 가상현실 게임 시장을 점유하기 위한 적극적인 행보를 보이고 있다.

2016년 4월 대만의 스마트폰 제조업체인 HTC는 세계 최대의 게임 유통 회사인 밸브(Valve)와 협력하여 게임 유통 플랫폼인 스팀(Steam)의 가상현실 버전인 스팀 VR을 이용하는 'HTC 바이브(Vive)' HMD와 콘트롤러를 출시했다. HTC 바이브는 PC 기반 가상현실 헤드셋으로 현재 출시된 가상현실 HMD 중에서 오큘러스 리프트와 더불어 가장 고성능, 고품질의 가상현실 경험을 제공하는 제품으로 꼽힌다.

2015년 삼성전자는 오큘러스 VR과의 협업(하드웨어 제조는 삼성이 담당하고, 콘텐츠와 앱 개발 등의 소프트웨어 플랫폼 공급은 오큘러스 VR이 담당)을 통해 개발한 '기어 VR(Gear VR)'을 출시하여 본격적으로 가상현실 시장에 진출했다. 기어 VR은 스마트폰을 위한 VR 헤드셋으로 스마트폰을 기기에 장착한 후 머리에 착용하여 가상현실 콘텐츠를 경험한다. 여기서 나아가 삼성전자는 스마트폰을 장착하지 않고도 독립적으로 구동되는 차세대 기어 VR을 개발 중이다. 차세대 기어 VR은 스마트폰과 연결해 사용하지 않기 때문에 무게가 가벼워져 편의성이 향상된다는

HTC 바이브

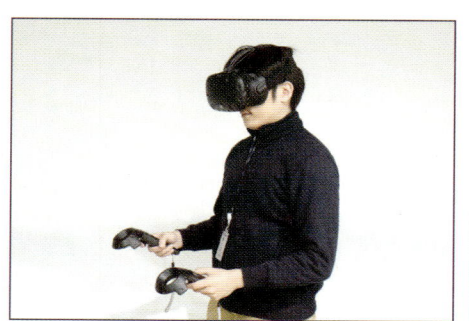

페이스북의 오큘러스 리프트

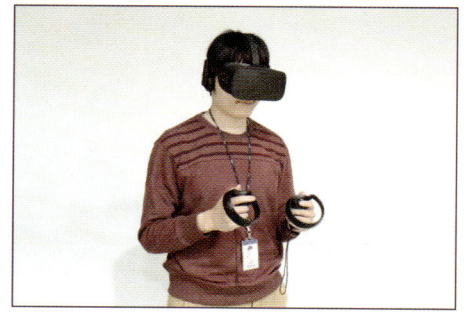

출처 : ETRI

특징과, 자체 디스플레이를 내장한 독립적인 기기로 개발되고 있기 때문에 보다 자연스러운 화면과 몰입감 있는 영상을 구현할 수 있을 것으로 기대된다.

LG전자도 MWC(Mobile World Congress) 2016에서 모듈 교환식 스마트폰인 'G5' 출시와 함께 VR HMD인 'LG 360VR'과 360도 카메라인 'LG 360캠'을 출시하며 VR 디스플레이 장치 시장에 본격 진출했다. 360VR은 스마트폰과의 연결이 필요하나 960×720 해상도(649ppi)의 자체 디스플레이를 갖춘 독립형 HMD 방식이다. 또한 게임 개발자 콘퍼런스인 GDC(Game Developers Conference) 2017에서 발표한 LG의 차세대 하이엔드 VR HMD 프로토타입은 OLED 디스플레이를 탑재하여 1440×1280 해상도와 90헤르츠의 재생률, 110도의 화각 재현율을 실현했다.

니콘은 앞뒤 렌즈 두 개로 360도 전방위 촬영이 가능하고, 방수 및 UHD 촬영이 가능한 니콘 최초의 웨어러블 액션 카메라인 '키미션 360(key mission 360)'을 선보였다. 이 같은 360도 카메라 제품으로는 리코의 '리코 세타(Ricoh Theta)', 삼성전자의 '기어 360', LG전자의 'LG 360캠' 등이 있다. 이 제품들은 고가의 VR 장비보다 가격적인 접근성이 뛰어나 모바일 VR 기기의 판매가 증가할 것으로 예상된다.

리코 세타

삼성전자의 기어 360

출처 : ETRI

마이크로소프트는 X박스 키넥트(Xbox Kinect)의 휴먼 모션 인식 기술을 확대하고 있으며, 립모션(Leap Motion)의 '립모션 센서'는 손가락 모션 인식 기술을 상용화하는 데 중점을 두고 있다. 립모션은 영화 〈마이너리티 리포트〉에서 톰 크루즈가 허공에 손을 움직여 다양한 정보를 처리하는 장면처럼 손가락 움직임만으로 컴퓨터를 제어할 수 있도록 만들어주는 장치다. 미국 기업인 이머전(Immersion)은 햅틱 글로브 및 내시경, 정맥 절개, 복강경 햅틱 시뮬레이터에 관한 최고 기술을 보유하고 있다.

가상현실 입출력 기술의 진보는 사용자의 시야를 가득 채우는 고해상도 착용 기기와 오감(시각, 청각, 촉각, 후각, 미각 등) 지원 장치 개발을 가속화하고 있다.

실제 환경 속의 사용자와 가상 환경 속의 아바타 간에 반응하는 상호작용 기술이 진화 중이다. 동작 획득 장치의 다양화와 소형화, 인식 기술의 발달로 양손을 자유롭게 사용하는 상태에서 사용자의 행동을 추적, 인식하는 UI/UX 기술이 가상현실 콘텐츠 전 분야로 확산되고 있다. 마이크로소프트는 게임 콘솔인 X박스를 가지고 있으며, 게임 콘솔 및 PC와 연결하여 동작 인식 분야에서 폭넓게 활용되는 키넥트 기술을 보유하고 있다.

주요 HMD 사양 비교

	오큘러스 리프트	HTC 바이브	기어 VR(S6)	PS VR	LG 360VR
디스플레이	OLED	OLED	AMOLED	OLED	IPS
해상도	2160×1200 (455.63ppi)	2400×1080 (447ppi)	2560×1440 (518~577ppi)	1920×1080 (386ppi)	920×720 (639ppi)
주사율	90Hz	90Hz	60Hz	120Hz	
시야각(FOV)	100도	100도	96도	100도	80도
트래킹	헤드, 포지션	헤드, 포지션	헤드	헤드, 포지션	헤드
연결 방식	PC, XBox-One	PC	스마트폰	플레이스테이션	스마트폰(USB-C)

다시 말해 디지털 가상 휴먼과의 상호작용 기술, 대화형 게임 등과 같이 실제 사용자가 가상의 휴먼과 동일 공간에서 체험하는 콘텐츠를 선보이고 있다. 특히 테마파크(유니버설스튜디오, 디즈니랜드 등), 박물관, 전시관, 교육 목적 체험관에 이르기까지 광범위한 분야에서 4D 극장이 설치되고 있다.

프랑스의 대형 영상 테마파크인 퓨처러스코프(futuroscope), 디즈니월드의 비행 시뮬레이터 어트랙션인 소어린(Soarin), 4D 전문 기업 디스트릭트(d'strict)의 4D 라이브파크와 유사 홀로그램 공연인 케이라이브(K-Live) 등 테마파크와 영화관에 양방향 4D 테마파크 콘텐츠를 적용하는 공연 분야에서의 가상현실·증강현실 기술의 적용이 빠르게 진행되고 있다.

몰입형 디스플레이, 빠르고 정확한 인터랙션 기술의 개발로 우리가 영화 속에서 상상했던 일들이 실현되고 있고, 군사용으로 개발된 시뮬레이션 기반 기술이 민수용으로 적용 분야를 수정하여 민간 시장에서 서비스 되고 있다.

실제 무대와 프로젝션 매핑 등의 가상현실 기술을 접목한 드림웍스의 '드래곤 길들이기' 공연과 일본의 실내 디지털 테마파크인 오비(Orbi)가 전 세계적인 호응을 얻고 있는 것처럼 박물관, 미술관, 콘서트와 같이 전시, 공연 및 체험관 등의 테마파크 분야에 실감적 체험 요소 기반의 디지털 ICT 도입이 확대되고 있는 추세다. 고수준, 저비용의 공연 및 테마파크 연출과 더욱 지능화된 체험 공간에 대한 수요가 늘고 있으며, 다양한 ICT와 HW·SW와의 연동 기술도 급속하게 발전하고 있다. KT는 유사 홀로그램 기술을 이용하여 입체감이 느껴지는 가상의 가수를 투사하고 실제 배우가 가상 영상과 함께 공연하는 케이팝(K-Pop) 클라우드 공연장을 운영 중이다. 뮤지컬 분야에서도 가상 배경과 무대 배경을 프로젝션으로 투사하는 등의 실험적 기술이 적용되고 있는 추세다.

가상현실 플랫폼 시장은 통신 회사를 중심으로 가상현실을 차세대 킬러 콘텐츠로 주목하고 360도 VR 영상 콘텐츠 서비스를 기반으로 한 생태계 구축을 추진 중이다. KT는 세계 최초의 모바일 야구 생중계를 시작(2016년 4월)으로 '올레 TV 모바일' 플랫폼을 통해 360도 VR 영상을 제공하며 양질의 콘텐츠 확보에 주력하고 있다. SK텔레콤은 미디어 플랫폼인 '옥수수(oksusu)'를 통해 360도 VR 영상 서비스를 제공하고 있으며, 가상현실·증강현실 통합 개발 플랫폼인 'T-real'을 제공하고 개발자 포럼을 개최하는 등 가상현실·증강현실 생태계 구축을 병행하고 있다. LG유플러스는 모바일 동영상 서비스인 'LTE비디오포털'을 통해 'VR 게임 홍보관'을 운영하고 있으며, JTBC 〈냉장고를 부탁해〉 등과 같은 기존 미디어 콘텐츠를 360도 VR 영상으로 제작하여 제공하고 있다.

국내 가상현실 분야 스타트업인 자몽은 자체 VR 플랫폼인 '자몽VR'을 구축하여 사용자와 영상 제작사로부터 360도 영상을 획득하여 콘텐츠를 확보하고 있다. 자몽은 가상현실 콘텐츠를 제작하는 베레스트(Verest) 등과 협력하여 분야별로 다양한 360도 영상을 제작하고 있다.

방송 분야의 경우 차별화된 방송 프로그램의 경쟁력을 확보하는 방안으로 360도 영상 등 가상현실·증강현실을 도입하고 있는데, 기존 방송 영상과는 다른 시청 방법과 스토리텔링, 제작 등에 대한 실험적 도입을 추진하고 있다.

MBC는 방송 테마파크 'MBC 월드'(2015년 9월)를 오픈하여 가상현실 기술을 방송 콘텐츠에 접목한 스타와 듀엣, 무한도전 공포 체험 등을 선보여 관람객들이 드라마와 예능 프로그램을 직접 체험하고 스타와 함께 있는 것과 같은 체험의 기회를 제공하고 있다. 예를 들어 드라마 〈빛나거나 미치거나〉 제작에 가상현실을 적용하여 360도 영상으로 촬영된 부분은 유튜브를 통해 시청하도록 제공하고 있다. KBS는 여행 프로그램인 〈걸어서 세계 속으로〉 제작에 360도 영상을 적용할 예정이다. SBS는 디바이스 제조업체와 함께 'VR UCC 콘테스트', 'VR·AR 챌린지' 이벤트를 주도하는 등 콘텐츠 확보에 주력하고 있다.

인터넷 방송은 온라인 서비스 중심의 MCN(Multi Channel Network, 다중채널 네트워크) 사업자들이 개인 방송에 360도 카메라를 적용하면서 1인 미디어 방송에 가상현실 콘텐츠의 적용이 늘고 있다. 아프리카TV는 멀티 브라우저와 HMD 지원, VR 플레이어 개발을 완료하고(2015년) BJ를 대상으로 한 공모전 진행과 자사의 VR 라이브 플랫폼을 제공 중이다. 아프리카TV는 VR 영상을 생방송에 로딩할 수 있는 '위드VR'을 선보이고(2016년 4월), VR 라이브 스튜디오를 마련하는 등 가상현실 콘텐츠 연계에 대한 지원을 확대하고 있다.

미국의 뉴욕타임스는 가상현실 뉴스 앱 'NYT VR'을 출시하고 뉴스 영상과 기사 서비스를 제공(2015년 11월)하고 있다. 미국의 가상현실 콘텐츠 제작사인 넥스트VR은 컴캐스트와 타임워너로부터 335억 달러의 투자를 유치했으며, 360도 영상을 스포츠 분야와 접목하여 NBA, NFL, 아이스하키 등의 중계에 적용하고 있다. 조선일보는 'VR저널리즘'을 표방하며 360도 VR 영상을 이용한 뉴스 서비스를 위해 'VR조선' 앱과 웹사이트를 공개했다(2016년 2월).

차세대 게임시장을 주도할 가상현실 게임을 360도 VR 영상으로 실시간 스트리밍 중계하는 'VR 게임 방송'이 온라인 게임 방송의 차세대 아이템으로 부상하고 있다. 국내 기업인 민코넷(Minkonet)의 '스윙360 라이브' 기술은 가상현실 게임 속 플레이 내용과 주변 오브젝트 상황을 실시간으로 데이터화해 클라우드 서버로 전송하고, 서버는 이를 실시간으로 360도 VR 영상으로 재구성 및 렌더링하여 유튜브로 스트리밍하는 서비스를 제공하고 있다.

영국의 글로벌 컨설팅 기업인 딜로이트(Deloitte)의 자료에 따르면, 2016년 e스포츠(e-sports) 및 전문 게임 방송(MCN), 온라인 게임 방송을 시청하는 인구는 약 1억 5,000만 명에 이르며, 이와 관련된 매출은 5억 달러에 달할 것으로 보고 있다.

모바일 증강현실의 경우 스마트폰의 대중성과 모바일의 편리성을 바탕으로 스마트폰의 카메라를 이용하여 증강현실을 구현하는 기술 개발이 주를 이루고 있다. 모바일 프로세서를 공급하는 퀄컴(Qualcomm)은 증강현실 개발 플랫폼인 뷰포리아(Vuforia) SDK(소프트웨어 개발 키트)를 지속적으로 업그레이드하는 등 증강현실 분야에 지속적인 노력을 기울이고 있다. 인텔은 리얼센스(RealSense) 모듈로 모바일에서 증강현실을 용이하게 접근할 수 있는 솔루션 개발에 주력하고 있다. 구글은 구글글라스 이후에 증강현실 플랫폼인 '탱고' 프로젝트를 지속하고 있는데, 2016년에 레노버(Lenovo)와 협력하여 탱고 기술을 적용한 스마트폰을 출시했다.

마이크로소프트는 콘솔 게임기 X박스의 깊이 인식 카메라인 키넥트의 기술 경쟁력을 가지고 있으며, 증강현실 HMD인 '마이크로소프트 홀로렌즈'를 공개하며 증강현실 분야에서의 주도권 확보에 주력하고 있다. 홀로렌즈는 기기 내부에 사용자의 시선, 제스처, 주변의 공간, 위치 등을 실시간으로 인식하고 처리를 담당하는 프로세서인 HPU(Holographic Processing Unit)를 탑재하여 외부 컴퓨팅 자원 없이도 독자적으로 증강현실 구동이 가능한 점이 특징이다.

구글, 퀄컴, 알리바바 등 글로벌 기업으로부터 대규모 투자를 유치하여 주목받고 있는 미국의 스타트업인 매직리프(Magic Leap)는 투과형(See-Through) 타입

마이크로소프트 홀로렌즈

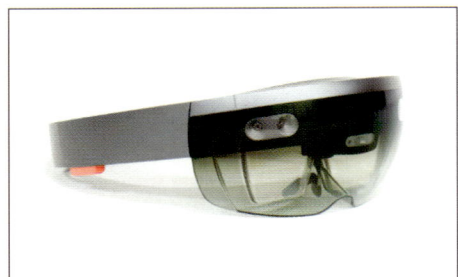 

출처 : ETRI

의 AR 글라스를 개발 중이다. 국내에서는 SK텔레콤이 구글과 협업하여 지속적으로 증강현실에 대한 연구개발과 투자를 진행하고 있다. ODG(Osterhout Design Group)의 스마트 글라스는 마이크로소프트의 홀로렌즈와 같은 퀄컴의 차세대 스냅드래곤(Snapdragon) 805 칩셋을 사용하고 있지만 전쟁이나, 건설 현장, 공장 시설, 원격의료 등 특수한 환경에 최적화된 특징을 갖고 있는 AR 스마트 글라스다. 자체적으로 3G 메모리, 64GB 저장 스토리지, 2개의 초당 60프레임 캡처가 가능한 720p 해상도 카메라, 1,300mAh(밀리암페어아워) 배터리와 와이파이, 블루투스, GPS 등을 탑재하여 날씨, 위치, 조명 조건에 국한되지 않고 극한 환경에서도 사용이 가능하도록 제작되었다. ODG의 AR 스마트 글라스의 가격은 일반 AR 스마트 글라스보다 비싸지만, 위험한 환경에서도 사용이 가능하기 때문에 특정 시장의 수요 조건에 충족된 제품이라고 할 수 있다.

증강현실 분야의 주요 기업 현황

기업	특징
구글	· 구글글라스의 실험 이후에도 '탱고' 프로젝트를 지속하는 등 증강현실 분야에 대한 관심을 지속적으로 기울이고 있음. · 증강현실 기업으로 알려진 매직리프에 대규모 투자.
마이크로소프트	· 증강현실을 이용한 가상현실 분야에 주력하여 키넥트를 활용한 다양한 증강현실 기술의 노하우를 확보. · 홀로렌즈를 공개하며 증강현실의 주도권 선점을 위한 노력을 기울이고 있음.
인텔	· 3개의 카메라로 3D를 인식하는 리얼센스 기술로 마이크로소프트의 윈도우 및 구글의 안드로이드(탱고 프로젝트)와 협력.
퀄컴	· 증강현실 콘텐츠 애플리케이션을 개발할 수 있는 뷰포리아 SDK에서 마이크로소프트 홀로렌즈를 지원하는 등 개발 플랫폼으로서의 입지 확보에 주력.
애플	· 3D 센싱 기업인 프라임센스를 일찍이 인수했으며, 모바일에서의 플랫폼 주도권을 바탕으로 증강현실을 확대할 것으로 전망.
ODG	· 극한 환경에서의 증강현실 활용을 위해 전투 상황에서 포탄이나 탄환에 의한 인체 보호, 특히 눈을 보호하기 위한 AR 글라스를 개발함. 쉽게 파손되지 않는 특성을 갖춘 이 제품은 미국 국방성 군사 규격(MIL-STD-810G) 기준을 충족하고 있으며, 특수 목적의 시장 요구 조건에 적합함.

2장

VR·AR 기술 어디까지 왔나?

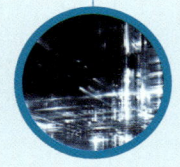
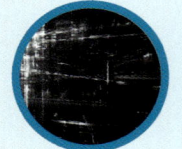

01

VR·AR의 활용 분야는 어떤 것이 있을까?

> **VR·AR을 선도하고 있는 6대 분야 :**
> 테마파크, 게임, 스포츠, 교육, 산업, 국방

1장에서 살펴봤듯이 가상현실·증강현실 기술의 산업적 적용 가능성과 비즈니스 가치는 긍정적으로 평가받고 있다. 조사 기관별로 편차가 있지만 가상현실·증강현실 시장의 규모가 2020년에는 약 1,000억 달러에 이를 것으로 전망된다는 점에서 가상현실·증강현실 기술의 산업적 파급력에 대한 기대감을 짐작할 수 있다. 이러한 흐름에 발맞춰 우리나라 정부 역시 가상현실·증강현실 기술을 고부가가치 산업으로 선정하여 지원하고 있다.

이 책에서는 가상현실·증강현실 기술을 적용해 경제적 효과를 기대할 수 있는 대표적인 분야로 '테마파크, 게임, 스포츠, 교육, 산업, 국방'을 꼽았다.

주요 조사 기관별 VR·AR 시장 전망 (단위 : 억 달러)

구분	2016년	2017년	2018년	2019년	2020년	연평균 성장률 (CAGR)
IDC	33	73	160	448	848	125.1%
BCC 리서치	135	226	377	630	1,052	67.1%
디지캐피털	50	200	450	900	1,500	134.0%

출처 : IDC(2016년), BCC 리서치(2016년), 디지캐피털(2015년), ETRI Insight Report 2016년 12월

실제로 세계 시장에서 가상현실·증강현실 기술은 콘텐츠의 비중이 높고 시각적인 효과에 대한 기대가 큰 오락·엔터테인먼트 분야를 중심으로 발전하고 있다. 특히 테마파크, 게임, 스포츠를 주축으로 국내외 기업의 VR·AR 상품들이 쏟아져 나오고 있다.

테마파크

테마파크는 가상현실 기술이 발전함에 따라 다양한 형태로 진화할 수 있다. HMD가 보급되고 1인용 체험 기기가 보편화되면서 집이나 사무실 등 소규모 공간에서도 가상현실을 통한 체험이 가능해질 전망이다. 가상현실·증강현실 테마파크는 물리적 이동의 제한을 없앴다는 것이 가장 큰 특징이다. 가상현실 세계에서는 우리가 위치하고 있는 현재 공간이 바로 놀이동산이 될 수 있다. 예를 들어 기존의 롤러코스터가 물리법칙 안에서 인간의 신체를 제약하여 스릴과 공포를 선사했다면, 가상현실 롤러코스터는 시간과 공간의 제약을 뛰어넘어 우리를 이야기의 주인공으로 만들어준다. 가상현실·증강현실 테마파크의 경우 놀이기구가 점차 소형화되고 있으며, 한 개의 놀이기구에서 다양한 테마를 체험할 수 있는 방향으로 진화하고 있는 추세다.

게임

게임은 IT 산업의 발전에 의해 **빠르게** 영향을 받는 분야다. 이전까지 게임시장이 온라인 게임과 더불어 스마트 기기의 보급과 모바일 기술의 발전으로 모바일 게임에 집중되어 있었다면, 최근에는 뛰어난 '몰입감'을 선사하는 가상현실·증강현실 게임이 주목받고 있다. 가상현실 기술은 사용자로 하여금 실감 나는 가상공간에서 보다 몰입감 있는 체험을 통해 게임을 플레이하며 '상호작용'할 수 있게 한다. 또한 증강현실 기술은 가상공간이 아닌 현실 세계에 가상의 영상을 덧붙여 현실을 풍부하게 표현해준다. 가상현실·증강현실 기술이 게임 사용자에게 이전에는 경험해보지 못한 새로운 경험을 제공하는 매개체로서의 역할을 할 수 있게 되면서 차세대 게임 기술로 더욱더 주목받고 있다.

가상현실 게임은 이미 1990년대에 닌텐도, 세가(SEGA) 등 게임 회사에서 출시한 사례가 있으나, 당시에는 가상현실 장비와 콘텐츠 제작 기술의 한계로 인해 대중화되지 못했었다. 시간이 흘러 최근 콘텐츠 기술의 발전과 새로운 장비의 등장은 가상현실 게임 부활의 계기가 되었다. 특히 오큘러스 리프트, 삼성의 기어 VR과 같은 HMD가 보급되면서, 게이머가 직접 게임의 세계 속으로 뛰어드는 듯한 경험을 할 수 있게 하여 가상현실 게임의 대중화를 이끌고 있다.

가상현실 게임과 마찬가지로 증강현실 게임도 과거 콘텐츠 기술과 하드웨어 기기의 제약으로 크게 주목받지 못했다. 그러나 GPS, 카메라, 가속도 센서 등이 지원되는 스마트 기기가 보급되면서 다양한 인터랙션이 가능해져 새로운 게임을 경험할 수 있게 되었다. 그로 인해 과거 보드 게임이나 카드 게임을 활용하는 단순한 증강현실 게임에서 벗어나, 현실 공간을 게임 공간으로 활용하는 증강현실 게임이 등장하여 게이머들에게 신선한 재미를 제공해주고 있다. 특히 닌텐도에서 출시한 '포켓몬GO'는 증강현실 게임의 대중화를 이끌며 증강현실이 게임 산업의 한 축으로 인식될 수 있도록 하는 계기를 마련했다.

스포츠 분야는 가상현실·증강현실 기술이 스포츠가 갖는 고유의 어려움을 해결해줄 수 있을 것이라는 기대가 높다. 스포츠는 기후적 특성이나 공간 문제로 인해 하계 및 동계 스포츠, 실내 및 실외 스포츠로 나뉘듯 사람들이 스포츠를 자유롭게 즐기기가 쉽지 않다. 또한 스포츠는 스키점프나 봅슬레이와 같이 경험하기 어려운 종목들도 존재한다. 가상현실 스포츠는 이 같은 제약을 넘어 실내에서도 사용자가 원하는 스포츠를 직간접적으로 체험할 수 있게 한다.

가상현실 스포츠는 크게 중계와 체험 두 가지 방향으로 발전하고 있다. 보는 즐거움을 배가시키는 'VR 중계 서비스'는 VR 장비를 활용하여 스포츠 중계를 실시간으로 생생하게 시청할 수 있는 스트리밍 서비스 기술이다. 한편 체험의 즐거움을 배가시키는 'VR 스포츠 체험 서비스'는 가상현실·증강현실 기술을 스포츠 활동과 접목하여 사용자가 직접 체험해볼 수 있게 하는 기술이다. 이를 위한 가상현실 스포츠 시뮬레이터는 각 종목에 특화되어 다양한 형태로 제작되고 있다.

교육 업계에서도 가상현실·증강현실 기술을 환영하고 있다. 지식의 핵심 가치는 지키는 동시에 진보적인 교구의 사용으로 교육 내용을 효율적으로 전달할 수 있기 때문일 것이다. 가상현실·증강현실 기술이 가져온 공간적 혁명과 교실 안팎에서의 학습 방식의 다변화는 교육 효과를 한층 높이고 있다. 갈수록 성능이 좋아지는 모바일 장비(스마트패드, 스마트폰 등)와 가상현실·증강현실 기술의 등장은 교육 콘텐츠 앞에 수동적이던 학생들의 수업 태도를 변화시키고 있다. 펄쩍 뛰고 걷고, 이쪽저쪽으로 고개를 돌리고, 허공에서 팔을 가로지르고 손으로 휘젓기도 하며 능동적인 콘텐츠 활용을 하게 될 것이다. 세계의 많은 디지털 정보 기업들은 가상현실·증강현실 기술이 적용된 교육 분야를 잠재성이 큰 사업 모델로 고려하여 그 성장성에 주목하고 있다. 많은 기업들이 교육 분야에 뛰어들어 관련 하드웨어 장비와 소프트웨어 등을 선보이고 있다.

실감 체험 교육을 발전시키는 세계적 추세에 발맞춰 우리나라도 새로운 개념의 창의적 교육 콘텐츠와 기술 개발로 교육의 틀을 바꾸려는 노력을 기울이고 있다. ETRI의 경우 가상현실을 이용한 '가상 체험형 학습 시스템'과 증강현실을 이용한 '실감형 학습 시스템' 등을 개발하여 학생들이 창의적이고 자기 주도적인 학습이 가능하도록 했다. 이러한 가상현실·증강현실 기술이 교육에 새로운 패러다임을 제시하고, 오감 만족 교육의 시대로 이끌 것이라는 게 업계의 전망이다.

제4차 산업혁명 시대가 도래하면서 산업 분야에서는 제조 산업 혁신을 통한 생산성 향상과 스마트 공장을 통한 기업의 경쟁력을 높이는 시도가 확대되고 있다. 이에 따라 산업 현장에 가상현실·증강현실 기술을 적용하는 것이 유력한 대안으로 떠오르고 있다. 산업 현장에서 가상현실·증강현실 기술은 디자인, 설계, 분석, 제품 생산, 유지·보수는 물론 신규 생산 인력의 훈련 등 공정 프로세스 전반에 도입되어 제품의 출시 기간 단축과 개발 비용의 획기적인 절감에 기여하고 있다. 산업 분야에서 가상현실 기술은 제품 생산과 관련된 제조업에서 실물을 제작하지 않고 사전에 제품의 효율성과 공장의 생산성을 진단하고, 다양한 상황에 대한 문제점을 파악하는 데 활용된다. 또한 공장을 운용하면서 제품의 생산 및 유지에 필요한 데이터를 직관적으로 제공한다. 여기서 직관적 데이터란 실제 환경의 데이터(작업 공정 데이터, 가상의 3D 디자인·설계·운용·유지 및 보수·데이터 등)를 가상현실을 통해 그 장소와 연동되게 보여주고, 증강현실을 통해 합성하여 보여주는 것이다. 이렇게 되면 실제 상황과 동시에 투영된 데이터가 보인다. 특히 가상현실·증강현실 기술은 산업 인력 훈련을 위한 시스템 부문에서 널리 개발되어 노동자의 상황 대처 능력 및 생산력을 향상시킬 것으로 기대된다.

국방

다른 분야보다 안전과 비용 절감 측면에서 상대적으로 제약을 더 많이 받을 수밖에 없는 국방 분야에서도 가상현실·증강현실 기술은 많은 가능성을 제공한다. 국방 분야는 가상현실 기술 활용의 역사가 꽤 오래되었다. 미국은 1970년대부터 전투훈련 시뮬레이션을 시작했다. 캐나다 군이 2008년에 기갑학교에서 모의 전차훈련을 실제 훈련과 함께 실시한 결과에 따르면, 실제 훈련만 했을 때보다 훈련 능력이 39퍼센트 향상되고 비용은 44퍼센트 감소되었다고 한다.◀미주2 현재 가상현실·증강현실 기술은 영상 기반의 군사용 3차원 지형 복원 기술과 군사용 훈련 시뮬레이터 기술 등의 형태로 활발히 적용되고 있다.

영상을 기반으로 한 군사용 3차원 지형 복원 기술은 항공과 위성 등을 이용하여 여러 영상을 촬영한 후 영상 내의 특징 추출과 일치점 획득, 카메라 자세 추정, 삼각화 기법 등의 방법으로 3차원 정보 추정과 3차원 메쉬(mesh) 및 렌더링(rendering)을 통해 3차원 지형 형상을 복원하는 기술이다. 대표적인 제품으로는 미국의 지리정보 시스템(GIS) 소프트웨어 회사인 ESRI의 '아크GIS(ArcGIS)'를 들 수 있다. 이 제품은 자사가 구축해놓은 공간 지도정보를 바탕으로 3차원 지형정보 위에 여러 가지 군사용 지리정보와 작전 상황을 가시화해주는 기술을 제공한다. 또한 군사용 훈련 시뮬레이터 기술은 3차원 공간 정보를 기반으로 하여 항공기 조종 시뮬레이터, 낙하훈련 시뮬레이터, 전술훈련 시뮬레이터, 항공기 정비훈련 시뮬레이터, 군사용 시뮬레이션 저작도구 SW 기술 등이 있다. 대표적인 제품으로는 미국의 대규모 군수 기업인 록히드마틴의 'Prepar3D' 비행 시뮬레이션과 STI(Systems Technology, Inc.) 사의 '파라심(PARASIM)' 가상 낙하산 훈련 시스템 등이 있다.

02

스토리로 읽는 VR·AR 세상

가상현실·증강현실 기술이 만드는 새로운 세상

우리는 현실과 가상의 경계가 무너져 상상 속에만 존재하던 것을 실감 나게 느끼는 세상을 경험하고 있다. 이는 일상생활에 스며들고 있는 가상현실·증강현실 기술이 디지털 세계에서의 경험을 극대화하는 것이 가능해졌기 때문이다. 이 장에서는 가상현실·증강현실 기술이 녹아든 생활상을 면밀히 살펴보기 위해 영화를 보듯 가상 도시와 가상 인물이 등장하는 스토리로 알기 쉽게 구성해보았다.

즉 '가상현실·증강현실을 선도적으로 이끄는 6대 분야별 시나리오'를 살펴본 후, 각 분야에 해당하는 기술의 모델이 된 실제 서비스 사례와 제품들을 상세히 알아볼 것이다.

이 장에서 전개되는 스토리의 무대는 가상 도시인 에트리 시티다. 이곳은 '가상현실·증강현실 기술'을 주력 산업으로 하는 계획도시로, 세계에 내로라하는 관련 기술과 콘텐츠들을 한눈에 살펴볼 수 있는 혁신 도시다. 필자들은 기존의 가상현실·증강현실 기술과 향후 기술의 발전으로 존재할 법한 가상현실·증강현실 콘텐츠를 상상의 폭을 넓혀 다양하게 다루어보았다.

이 시나리오에서는 투자에 관심이 많은 할아버지, 축구선수인 아버지, 가수인 어머니, 배우인 첫째 아들, 초등학생인 막내아들 등 여러 등장인물들의 동선을 따라 '테마파크, 게임, 스포츠, 교육, 산업, 국방' 각 분야에 해당하는 가상현실·증강현실의 모습을 살펴볼 것이다.

이야기의 시작은 에트리 시티 홍보 촬영을 위해 유명인으로 구성된 위 가족이 모델로 초청되어 방문하면서 내용이 전개된다. 그리고 등장인물들 곁에는 에트리 시티의 시장이 모바일 기기에서 증강현실 이미지로 나타나 에트리 시티를 친절히 안내하며 함께한다.

도심 속에서 즐길 수 있는 VR·AR 테마파크

에트리 시티에 도착한 가족들은 사전에 안내를 들은 대로 스마트폰에 특정한 앱을 다운로드 받았다. 잠시 후 그들이 스마트폰을 들자 화면에 에트리 시티의 시장이 증강현실 영상으로 모습을 나타냈다. 미니어처 같은 시장의 모습은 가족들에게 친근하게 느껴졌다. 시장의 환영 인사가 이어진 후, 가족들은 이곳에서의 일정을 위해 호텔로 향했다. 가족들이 도로를 걸을 때마다 시장은 증강현실 영상으로 곳곳에 나타나 에트리 시티를 자랑하며 일정을 안내했다.

첫 공식 촬영 일정은 '테마파크'에서 이루어진다. 이 소식을 듣자 막내아들은 환호성을 지른다. 반면에 배우인 첫째 아들은 얼굴을 찡그린다. 모자와 선크림을 챙기느라 분주한 어머니 곁에서 첫째 아들은 놀이기구를 타느라 순서를 기다리는 것은 고역이라며 볼멘소리를 늘어놓는다.

그러자 시장은 이 호텔에서 5분 거리에 있는 테마파크에서 촬영이 이루어지며, 선크림이 굳이 필요하지는 않을 것이라고 웃으며 말한다. 가족들은 의아한 얼굴로 시장을 바라본다. 그들이 있는 방은 호텔에서 꽤 고층에 위치한 스위트룸임에도 창밖으로 테마파크 같은 부지가 보이지 않기 때문이다.

잠시 후 시장의 안내에 따라 밖으로 나간 가족들은 자동차를 탄 지 얼마 되지 않아 한 건물 앞에서 하차했다. "백화점인가?" 고개를 갸웃거리며 묻는 가족들에게 시장은 이 건물 자체가 테마파크라고 알려준다. 실내 테마파크라는 말에 가족들은 눈앞의 거대한 건물을 멍하니 올려다본다. 넓은 부지에 놀이기구들이 곳곳에 자리한 전통적인 테마파크와 달리, 밖에서 보기에는 누가 봐도 첨단 디자인의 외관을 갖춘 도심 속 고층 건물이었기 때문이다.

가족들은 테마파크 건물 안으로 들어가 주위를 둘러본다. 건물 내부는 쇼핑몰과 비슷한 구조로 여러 테마에 따라 층별로 구분되어 있다. 중앙에는 영상이 투영되는 상징물이 있는데, 마법 세계를 배경으로 했는지 인물들이 날아다니고 있다. 어느새 그 영상 안에 가족들의 모습도 가상현실로 나타난다.

"도심 속에 테마파크를 열 수 있었던 가장 큰 요인은 가상현실·증강현실 기술 덕분입니다. 자리를 많이 차지하는 놀이기구 대신에 실감 영상을 이용하는 가상현실·증강현실 장치는 짧은 코스로도 다양한 경험이 가능한 서비스를 제공합니다."

시장의 설명에 가족들은 테마파크가 도심에 위치해 있어 접근하기 편리하고 날씨를 걱정할 필요가 없지만, VR·AR 테마파크가 재미있을지 모르겠다며 각기 다른 반응을 보인다. 이에 시장은 자신감 가득한 얼굴로 걱정하지 말라고 답한다. 시장의 말에 기대감이 높아진 가족들은 설레는 마음으로 놀이기구를 체험하기 위해 발걸음을 재촉한다.

VR·AR 영상 체험관

1층에 들어서니 커다란 빈방들이 보인다. 가족들이 고개를 두리번거리며 둘러봐도 드넓은 방 안에 놀이기구들은 보이지 않는다. 이때 직원들이 'HMD' 기기를 가족들에게 나눠준다. HMD를 머리에 쓰자 거짓말처럼 방 안이 벙커와 같은 배경으로 바뀌면서 입체적인 영상이 펼쳐진다. 무언가 튀어나올 듯이 긴장감이 넘치는 영상이다. 이곳에서 가족들은 다른 손님과 함께 'VR 좀비 게임'을 하는 장면을 촬영하기로 하고, 가족들 중 대표로 축구선수인 아버지와 배우인 첫째 아들이 나섰다. 총을 손에 쥔 아버지는 경쟁심이 발동했는지 쉬지 않고 좀비를 향해 공격한다. 재빠르게 다가오던 VR 영상 속 좀비들은 아버지의 공격에 우후죽순 쓰러진다.

할아버지와 막내아들은 다른 체험관에서 촬영을 했다. 이 공간에는 중간중간 유리막이 설치되어 있고 용도를 알 수 없는 장치들이 갖추어져 있다. 역시 놀이기구는 보이지 않고, HMD 기기를 쓰니 주변 공간이 또 다른 세상으로 변한다. 여기서는 다양한 장애물을 피하며 어드벤처를 즐길 수 있는 영상이 펼쳐진다. 막내아들이 'VR 어드벤처'에 흠뻑 빠져 신나게 장애물을 피하다 순간 절벽에서 떨어질 뻔하여 깜짝 놀라 소리를 지른다.

무서운 것이 질색인 어머니는 막내아들의 놀란 모습을 보고는 바다와 산 등의 자연을 볼 수 있다는 체험관으로 이동했다. 이 공간에서는 HMD나 VR·AR 기기를 쓰지 않고도 입체적인 영상을 즐길 수 있다. 이곳에서 어머니는 모처럼 대자연 속에 있는 기분을 만끽했다. 각자 체험관에서의 촬영을 마친 후 가족들은 휴게실에 모여 서로의 경험을 공유했다. 저마다 흥분이 가라앉지 않은 듯 들뜬 모습이다. 이 모습을 만족스럽게 바라보던 증강현실 속 시장은 미소를 지으며 다음 일정을 안내했다. 시장은 테마파크 2층에서는 놀이기구를 직접 타볼 수 있을 것이라고 덧붙였다.

VR·AR 놀이기구 체험관

2층으로 이동하니, 시장의 말대로 직접 탈 수 있는 롤러코스터와 레일이 보인다. 가상현실·증강현실 기술에 맞게 설계, 제작한 'VR 놀이기구'다. VR 롤러코스터를 본 가족들은 이제야 테마파크에 온 기분이 든다며 자세히 둘러본다. 그런데 레일도 짧고 롤러코스터의 크기도 아담하다.

"가상현실의 묘미는 마치 롤러코스터를 직접 탄 듯한 느낌을 주는 실감 영상이 구간마다 다르게 펼쳐지면서, 거리감은 어느새 잊게 되고 실제로 같은 길이의 코스를 돈다고 느끼게 된다는 것입니다."

시장은 가족 대표로 막내아들에게 VR 롤러코스터의 의자에 앉아 보라고 권한다. VR 롤러코스터가 레일 위를 달리자, 안내를 들은 대로 구간별로 다른 영상이 펼쳐진다. 어떤 구간에서는 정글 영상이 펼쳐지며 급류를 따라 래프팅을 하는 듯한 체험을 할 수 있고, 어떤 구간에서는 만리장성 영상을 따라 롤러코스터가 짜릿하게 질주한다. 이외에도 우주 탐사 등 롤러코스터의 레일을 따라 구간마다 다양한 실감 영상이 펼쳐진다. 체험을 마친 후 막내아들이 안내에 따라 손을 들어 글씨를 쓰자, 센서에서 동작을 인식했는지 화면에서 문이 열린다. 한층 실감 나는 체험에 만족스러운 듯 막내는 더없이 즐거워한다.

VR·AR 익스트림 체험관

3층의 체험관은 여러 개의 부스로 나뉘어 있고, 부스별로 다양한 형태의 의자가 설치되어 있다. 할아버지가 멈춰 선 부스에는 가상현실로 패러글라이딩을 체험할 수 있는 기기가 있다. 젊은 시절 패러글라이딩을 비롯해 여러 익스트림 스포츠를 즐겼던 할아버지는 옛 추억을 떠올리다 다시 한 번 패러글라이딩을 타보고 싶다는 생각에 'VR 패러글라이딩' 체험을 하겠다고 말한다. 할아버지가 HMD를 쓰니 패러글라이더가 허공에 뜬 화면이 나타난다. 그러자 할아버지가 앉아 있는 의자가 상하좌우로 움직이며 실제로 공중을 나는 듯한 아찔한 쾌감을 제공한다. 순간 VR 기기에서 바람이 휙 불어와 그의 머리칼이 흩날린다. 할아버지는 연신 환호성을 지르며 즐거워한다. 활기가 넘치는 할아버지의 표정에 가족들도 덩달아 기뻐한다.

이번에는 동물을 좋아하는 어머니가 'VR 사파리' 체험에 나섰다. 그녀는 지프차 모형에 올라타 차체의 흔들림을 느끼며 HMD로 가상현실 속 사파리 풍경을 감상했다. 그녀가 동물에게 먹이를 주기 위해 손을 뻗었을 때, 장난기가 발동한 아버지는 아내의 손을 덥석 잡아 놀라게 했다. 그녀가 깜짝 놀라 소리를 지르자, 아이들은 웃음보를 터뜨린다.

익스트림 체험관을 둘러보던 첫째 아들은 유독 남자들이 많이 모인 부스를 발견했다. 가까이 가보니 멋들어진 스포츠카가 놓여 있다. 'VR 레이싱'을 할 수 있는 체험 부스라고 한다. 이를 보자마자 첫째 아들은 곧바로 체험해보겠다고 나선다. 실감 나는 가상 주행을 통해 짜릿한 속도감을 느낄 수 있어서 VR 레이싱을 체험하는 이곳 부스에서는 남자들의 끊임없는 감탄사가 흘러나온다.

VR·AR 상영관

4층으로 이동한 가족들에게 시장은 이곳은 '책 상영관'이라며 안내를 해준다. 영화도 아니고 책을 상영하는 상영관이라니 모두가 궁금하다는 표정이다. 이에 시장은 팝업북을 한 권 집어 들고는 이렇게 말한다.

"VR·AR 팝업북은 읽는 게 아니고 영상처럼 보는 것입니다."

막내아들이 궁금함을 참을 수 없다는 듯 바로 책을 펼치자, 프로젝션의 빛을 받은 하얀색 책 위로 마법처럼 아름다운 세상이 펼쳐진다. 바람에 나무가 흔들리고, 눈이 하얗게 내리는 서정적인 영상이 펼쳐진다. 다른 책을 펼치자, 이번에는 귀여운 모습의 한 캐릭터가 춤추는 모습이 보인다. 막내아들이 신이 나 춤을 따라 추고 있을 때, 형은 안내에서 들은 말이 기억나 책 위의 춤추는 캐릭터 앞에 다른 하얀 종이를 대본다. 그러자 춤추는 캐릭터가 그 종이로 옮겨가는 것이 아닌가. 또한 책 페이지를 넘길 때마다 다른 배경이나 개성 있는 캐릭터들이 튀어나와 영화처럼 생동감이 느껴진다.

책 상영관에 푹 빠진 아들들이 더 즐길 수 있게 부부는 자신들만 '디지털 영화관'으로 이동한다. 여기서는 별도의 VR 기기를 착용하지 않아도 큰 영상에 담긴 가상현실 화면을 육안으로 볼 수 있어 편했다. 모처럼 영화관에서 오붓하게 데이트를 하게 된 부부는 기분이 좋아졌다. 영화가 시작되려 하자 곧 발판이 사라지고 우주선에 타는 기분을 불러일으키도록 좌석이 함께 움직인다. 드디어 우주 체험이 시작된다. 부부는 아름다운 별을 황홀하게 감상하다가 이내 위급함을 알리는 소리와 함께 우주정거장에서 화재가 발생했다는 상황에 직면한다. 폭발로 튀어나온 파편들이 부부 앞으로 덮칠 듯 실감 나게 다가오자, 부부는 크게 놀라 서로 두 손을 꽉 쥔다. 이 광경을 바라본 할아버지는 마음 한편이 적적해져 음료수를 마시며 혼자 4층을 둘러보다 LED로 '19금'이라고 표시된 상영관을 발견했다. 호기심에 할아버지는 '성인물 VR 상영관'으로 발걸음을 옮겼다. VR 성인물이 인기가 높다는 말을 들은 적 있지만 할아버지가 실제로 체험해보는 것은 처음이다. HMD를 쓰고 성인 인증을 마치자, 곧이어 할아버지 눈앞에 요염한 자태의 여인들이 나타나고 그를 향해 다가왔다. 할아버지는 순간 당황스러웠지만 싫지 않은 듯 체험을 계속해보기로 한다. VR 성인물이 꺼림칙했던 할아버지는 체험을 해보니 생각보다 만족스럽다는 표정이다. 영화가 끝날 때까지 할아버지는 VR 영상 속의 여인과 달콤한 시간을 보냈다.

VR·AR 지하 고속열차 체험관

잠시 휴식을 취한 후, 가족들은 시장의 안내에 따라 지하층으로 이동했다. 지하층 어딘가로 좀 더 들어오니 고속열차가 눈에 들어온다. 고속열차에 탑승해 안전벨트를 매고 좌석을 보니 열차 칸 안에 VR 기기들이 설치되어 있다. 마치 고속열차 안을 하나의 체험 부스로 만든 것 같다. 기기를 착용하고 움직여보던 막내아들은 어느새 가상현실 영상 속 지하철 안에 들어간 자신의 모습에 깜짝 놀란다. 그러나 곧 적응한 막내아들은 영상을 찬찬히 살피며 가상현실 속의 낯선 사람들과 거리낌 없이 대화를 주고받는다. 그러던 사이에 지하 공간을 벗어났는지 창밖에 드넓은 바다가 보인다. 눈앞에 펼쳐진 푸른 바다를 바라보며 감탄하기가 무섭게, 갑자기 근처 산에서 화산이 폭발하며 시뻘건 용암이 솟구치고 연기가 하늘을 뒤덮는다. 분출된 용암이 빠르게 흘러내려 그 옆을 지나고 있는 고속열차를 덮칠 것만 같다. 화산 영상을 보고 긴장했는지 막내아들은 체험이 끝나고 고속열차에서 내리자마자 화장실로 뛰어간다.

VR 화산 영상에 놀란 막내아들이 걱정되었는지 가족들이 곧장 그의 곁으로 모여들었다. 어안이 벙벙해하는 막내아들에게 가족들은 안내를 들은 대로 우리가 서 있는 이곳은 실내 테마파크 건물이 아니고 진짜 야외 테마파크라고 말해준다. 이에 막내아들이 하늘을 향해 고개를 들자 어마어마한 길이를 자랑하는 롤러코스터가 보인다. 그 밖에도 친숙한 놀이기구가 보인다. 하지만 막내아들은 여전히 알 수 없다는 표정이다. 가족들은 실제 지하 고속열차를 타고 밖으로 이동한 것이다. 그런데 가상현실 체험관 안에서 벌어지는 일로 착각한 것이다.

"기존의 테마파크에서도 가상현실·증강현실을 활용해 고객에게 새로운 경험을 선사합니다. 매번 새로운 놀이기구로 교체하고 설치하는 비용이 엄청나기 때문에 시각적인 영상을 다른 것으로 대체해 변화를 주는 것이죠. 물론 가상현실·증강현실 기술에 맞게 제작한 놀이기구를 새롭게 들여오기도 합니다."

시장은 이 같은 설명을 덧붙인 후, 가족들에게 다음에 탑승할 롤러코스터를 HMD를 착용하지 않고 그대로 탈지, HMD를 착용하고 VR·AR로 만들어진 영상 배경을 토대로 체험할지를 묻는다. 이에 할아버지와 부부는 과거의 놀이기구 본연의 즐거움을 느끼고 싶어 HMD를 착용하지 않기로 하고, 첫째 아들과 막내아들은 HMD를 착용하기로 했다. 이 선택에 따라 HMD를 쓰지 않은 사람들은 실제 테마파크의 풍경을 보고, HMD를 쓴 사람들은 놀이기구를 타며 공룡이 뛰노는 모습을 보게 된다. 아들들은 롤러코스터를 타면서 VR·AR 영상으로 거대한 공룡들을 보다가 느닷없이 나타난 시조새의 공격에 화들짝 놀란다. 공격을 받을 때 롤러코스터가 마구 흔들리니 더욱 스릴이 넘친다.

한편 커다란 배 모양의 'VR 바이킹'에서는 콘텐츠를 선택해 조선시대로 거슬러 올라가 거북선을 타고 이순신 장군과 왜군과의 전쟁을 체험할 수도 있고, 해적들의 생생한 모험을 체험할 수도 있다. 놀이기구를 즐기는 사이에 어느덧 해가 지고, 어디선가 폭죽이 터지는 소리가 들린다. 막 불꽃놀이가 시작된 것이다. 이에 할아버지는 스마트폰을 슬그머니 막내 손자 눈앞에 가져간다. 증강현실 영상으로 가족들의 생일 축하 메시지가 팝업처럼 떠오른다. 막내아들은 테마파크에서 가족들과 함께 시간을 보낸 것만도 즐거웠는데, 깜짝 생일 축하 이벤트까지 받아 감동에 겨운 표정이다. 막내아들의 환한 미소와 가족사진을 카메라에 담으며 가족들은 테마파크에서의 모든 일정을 마쳤다.

실제 국내외 VR·AR 테마파크 사례

앞에서 살펴본 테마파크 시나리오는 미래의 이야기가 아니라 실제로 현재 지구촌 곳곳에서 행해지고 있는 서비스 내용을 부분적으로 포함시켜 구성한 이야기이다. 세계 최대 테마파크인 미국의 식스플래그(Six Flags)는 이미 가상현실 기술을 도입하여 탑승객이 HMD를 쓰고 롤러코스터를 체험할 수 있는 서비스를 시작했다. 이 새로운 형식의 놀이기구는 기존 롤러코스터에서 경험할 수 없는 스토리텔링과 상호작용을 실현시켰다. 예를 들면 탑승객들은 가상현실 영상 속에서 지구를 침략하려는 우주인들을 물리쳐야 하거나, 악당에 맞서 싸우는 슈퍼맨이 되기도 한다.

가상현실 기술을 적용하고 있는 미국의 식스플래그 테마파크

출처 : 테마파크 파라다이스 https://blog.naver.com/PostList.nhn?blogId=khegel

독일, 영국에서도 열차형 놀이기구와 라이드형 모션 플랫폼에 HMD를 접목하여 마치 용의 등에 올라타거나 우주 비행선 안에서 우주를 탐험하는 체험을 제공해주는 스토리텔링형 가상현실 테마파크를 성공적으로 운영 중에 있다.

독일 유로파파크(Europa Park)의 알펜익스프레스 VR 롤러코스터

영국 알톤타워 리조트 (Alton Tower Resort)의 갤럭티카 VR 어트랙션

출처 : 테마파크 파라다이스 https://blog.naver.com/PostList.nhn?blogId=khegel

또한 디즈니랜드와 유니버설스튜디오 같은 대형 아웃도어 테마파크들에서도 가상현실을 이용한 자사 콘텐츠들을 점차적으로 늘려가고 있다.

이러한 가상현실 기술이 테마파크와 만날 수 있었던 것은 'CPND' 중심으로 생성되는 ICT 관련 기술의 급속한 발전이 있었기 때문이다. CPND는 '콘텐츠(Contents), 플랫폼(Platform), 네트워크(Network), 디바이스(Device)'의 약자로, 가상현실이 어떤 기술과 결합되는지에 따라 다양한 산업으로 확대, 재생산될 수 있는 가능성을 보여준다. 특히 테마파크, 게임, 영화, 스포츠 같은 엔터테인먼트 분야는 VR 관련 산업이 계속 확대되고 있는 추세이며, 시장의 확산에 따른 파급 효과도 커질 전망이다.

가상현실 기술을 이용한 테마파크는 기존의 놀이기구에 탑승하는 형식을 완전히 배제시킨 새로운 가상현실 테마파크를 탄생시키기도 했다. '더보이드(The Void)'라고 불리는 '공간 이동형 VR 테마파크'는 체험자가 HMD와 PUI(Physical User Interface)를 이용하여 방을 이동하며 미션을 수행하는 형태의 테마파크로서, 1인칭 게임에서 확장된 체험자의 공간 이동 및 다수의 사용자가 한 번에 같은 콘텐츠를 체험할 수 있도록 했다. 더보이드 사가 미국을 포함한

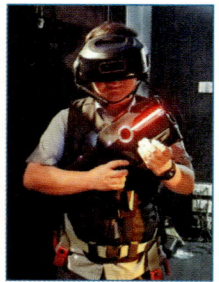

더보이드의 VR 테마파크 콘텐츠인 고스트버스터즈

출처 : 테마파크 파라다이스 https://blog.naver.com/PostList.nhn?blogId=khegel

전 세계에 약 230개의 VR 테마파크를 오픈하는 것을 목표로 삼았다면, 호주의 제로레이턴시(Zero Latency) 사는 공간 이동형 가상현실 콘텐츠에 다수의 플레이어가 참여하여 좀비를 물리치는 임무를 수행하는 롤플레잉 형식의 VR 테마파크인 '제로레이턴시'를 오픈하여 성공적인 사업 모델을 구축했다.

궁극적으로 테마파크에서의 가상현실·증강현실 기술은 세 가지 유형으로 발전하고 있다. 첫 번째로 VR 롤러코스터는 '아웃도어형 테마파크와 가상현실 기술의 결합' 형태로 발전하고 있다. 롤러코스터, 자이로드롭 등 실외에 설치되어 있는 기존의 아웃도어형 어트랙션 장치에 가상현실 기술을 접목한 새로운 형태의 테마파크가 생겨나고 있다. 이러한 장치를 구성하기 위해서는 롤러코스터를 추적하기 위해 센서를 기차에 설치하고, 기차의 위치 정보를 콘텐츠 서버에 전송하여 가상현실 내에 복원한 레일의 위치와 일치되는지 지속적으로 정보를 교류해야 한다.

체험자는 눈으로 3D 그래픽스 소프트웨어를 이용하여 만들어진 가상현실 레일 콘텐츠를 HMD를 통해 감상하게 된다. 이때 재생

VR 롤러코스터의 시스템 개념도

· 콘텐츠와 실제 기차의 위치를 센서를 통해 일치시킴.
· 서버에서 정확한 위치에 맞는 콘텐츠를 HMD로 전송함.

HMD

센서

되는 영상은 사전에 제작해놓은 컴퓨터그래픽스 영상을 어트랙션 장치의 움직임과 일치시키거나, 게임 엔진과 같은 실시간으로 플레이 되는 영상으로 가상현실 공간과 실제 어트랙션 기구의 움직임을 일치시킨다. 또한 체험자들에게 몰입감을 전달하기 위해 입체영상을 사용하기도 하는데, 콘텐츠 제작을 위해서 실사 영상을 촬영하거나 컴퓨터그래픽스 특수 효과로 제작한 영상을 합성하기도 한다. 하지만 이렇게 미리 제작해놓은 영상을 정해진 시간 안에 재생하여 시각적 체험을 제공해주는 것만으로는 기존 극장의 4DX 상영관과 비슷한 시각적 체험만 할 수 있게 해주는 한계가 있다. 이에 최근에는 체험자의 움직임이나 특정한 이벤트에 반응하는 센서를 설치하여 체험자가 어트랙션을 통한 물리적 체험과 게임 같은 인터랙티브 스토리텔링 체험을 동시에 가능하게 해주는 가상현실 테마파크가 등장하고 있다.

HMD 착용 후 감상 화면

출처 : ETRI

ETRI의 VR 롤러코스터
탑승 장면

출처 : ETRI

체험자는 HMD를 사용하여 실제 외부 세상과의 단절을 통해 완전한 가상현실로 진입한다. HMD를 착용하는 동안은 롤러코스터의 궤적이 로봇의 움직임으로, 우주선의 움직임으로, 동물의 등에 탄 것처럼 인지하게 된다. 자이로드롭의 경우 고장 난 채로 수직 낙하하는 엘리베이터 장면, 절벽에서 자유 낙하하는 장면 등으로 대치되는 것이 가능하게 되었다. 단순히 시각적 체험의 변화뿐만 아니라 체험자가 움직이는 팔의 위치나 손동작, 머리의 방향에 따라 계속 스토리가 변화하는 상호작용 체험은 가상현실이 아니면 체험할 수 없는 테마파크의 필수 조건이 된 것이다. 이러한 시각 효과와 함께 물리적 체험까지 할 수 있게 해주는 아웃도어형 테마파크는 기존에 물리적 체험만 가능했던 어트랙션 장치에 콘텐츠를 함께 체험하게 해주면서 마치 영화 속 주인공이 된 것 같은 경험을 선사해준다. 이렇듯 테마파크 제작자는 다양한 콘텐츠를 개발하여 체험자가 테마파크에 계속적으로 방문할 수 있도록 유도한다.

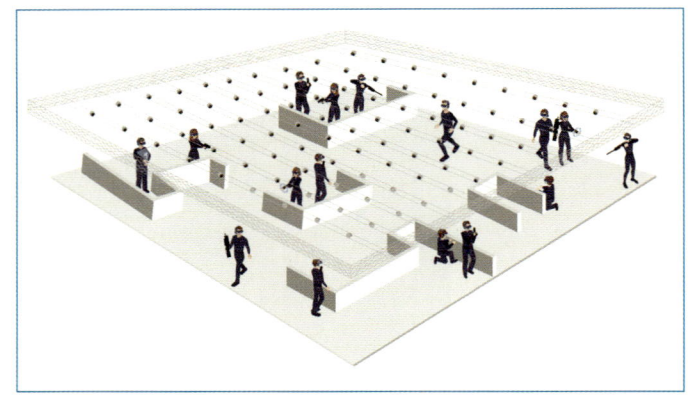

공간 이동형 가상현실
테마파크 시스템 구성도

두 번째로 더보이드 같은 공간 이동형 가상현실 테마파크는 '실내 테마파크와 가상현실 기술의 결합' 형태로 제작된 것이다. HMD와 센서 기술이 결합되어 등장한 실내 VR 테마파크는 가상현실 기술을 활용하여 기존 대형 테마파크가 가진 물리적, 환경적 제약을 벗어나게 해주는 동시에, 체험자에게 가상현실 콘텐츠의 종류에 따라 무한대로 확장 가능한 체험을 제공해주는 장점이 있다. 미국에서 처음 등장한 공간 기반 멀티플레이 VR인 더보이드는 기존의 가상현실 장비가 가진 제한된 센서의 인식 범위나 유선 데이터 전송 장비의 한계를 극복하고 문제점들을 보완하여 체험자의 이동 경로와 움직임을 무선으로 트래킹한다. 텅 빈 공간이라는 인식을 극복하기 위해 가상현실 내에 존재하는 구조물을 물리적 공간에서도 똑같이 구현하여 체험자가 움직이거나 공간에 부딪힐 때마다 실제 공간에서 충격이 가해지도록 설계했다. 텅 빈 공간이지만 테마파크 내에 구현하고자 하는 구조물의 위치, 지형 등을 제작하면 여기에 콘셉트와 테마를 적용하여 체험자가 실제로 감각적인 체험을 하는 형식이다. 여기에 비, 바람, 냄새, 촉감 등과 같은 4DX 환경도 관객에게 체험할 수 있도록 제작되었다.

ETRI의 공간형 가상현실
체험 시범 콘텐츠

출처 : ETRI

공간 이동형 VR 테마파크에서 체험자는 미로 같은 공간을 계속 이동하면서 주어진 임무를 수행한다. 이때 벽에 부착되어 있는 구조물은 가상현실 내에서도 같은 위치와 같은 움직임으로 동작한다. 실제 벽에 있는 스위치를 누르거나 횃불을 들고 이동하면 가상현실 내에서도 같은 위치에 있는 스위치가 동작하거나 횃불을 들고 이동하는 모습이 보인다. 미로 같은 실제 환경은 가상현실 내에서는 전혀 다른 구조물로 보인다. 주로 걸어서 공간을 이동하는 체험에 적합하므로 무너진 동굴의 좁은 틈새, 우주선의 통로, 건물의 복도 등 폐쇄적인 공간을 콘셉트화해 콘텐츠를 제작한다.

더보이드는 공간을 세부적으로 분할하고 물리적인 지리정보와 가상의 지리정보를 일치시킨 후 정보를 습득하면서 스토리를 진행하는 VR 콘텐츠이다. 반면 호주의 가상현실 전문 업체인 제로레

도쿄 세가(SEGA) 조이폴리스(아래쪽 사진)와 요코하마 오비(ORBI)의 가상현실 테마파크(위쪽 사진)   출처 : ETRI

이턴시가 개발하여 상용화한 동명의 제로레이턴시 VR 테마파크는 체험자가 체육관과 같은 열린 공간 안에서 자유롭게 움직이고 가상 세계에서는 계속 환경이 변하는 인피니티 스페이스 기술을 이용한 콘텐츠이다. 제로레이턴시 VR은 열린 공간에서 체험자는 정해진 범위 안에서 자유롭게 움직이는 것 같지만 체험자 자신이 인지하지 못하게 정해진 경로로 유도된다. 하지만 가상현실 안에서는 끝없이 이동이 가능한 환경이 제공되어 체험자가 인위적인 경로로 움직이게 되더라도 자유롭게 공간을 이동하는 것처럼 느끼게 된다.

최근 일본에서도 VR을 활용한 다양한 형태의 어트랙션 테마파크를 개장했는데, 일본이 보유한 애니메이션 콘텐츠를 VR로 변환한 체험형 콘텐츠로 체험자가 여러 애니메이션의 주인공이 된 것처럼 느끼게 해주는 서비스를 제공하여 주목을 받고 있다.

세 번째 VR 테마파크 유형은 '놀이기구형 모션 플랫폼'으로, 놀이기구와 가상현실 기술을 결합한 형태라고 말할 수 있다. 대규모 테마파크에 설치되어 있는 야외 어트랙션 체험을 장소와 환경의 제약 없이 실내 또는 소규모 공간에 설치하여 체험할 수 있게 해주는 모션 플랫폼 장치는 이미 게임 및 영화의 4DX 체험관 같은 엔터테인먼트 분야에서 활용되고 있다. 여기에 HMD 및 동작 인식 장치 기술들을 추가로 접목하여 상호작용이 가능한 새로운 가상현실 체험 기술로 발전시키고 있다. 모션 플랫폼에는 극장형 4DX 체험관과 같은 의자형 체험 기구 및 패러글라이딩과 같이 엎드려서 체험할 수 있는 장치가 있고, 자동차처럼 앉아서 체험할 수 있는 장치가 있다.

기존의 모션 플랫폼 장치는 비행기나 항공 체험을 가능하게 해주는 플라이트 시뮬레이터(Flight Simulator) 종류나, 360도 회전이

우리나라의 에버랜드
VR 모션 플랫폼 체험 기구

출처 : 테마파크 파라다이스 https://blog.naver.com/PostList.nhn?blogId=khegel

가능한 360 다크 라이드(Dark Ride)와 같이 실내형 테마파크에서 모션을 통한 극적인 체험이 필요한 곳에서 사용되었다. 하지만 기존의 모션 플랫폼 장치는 일반적인 시각 정보 전달 방식인 모니터와 프로젝션, 입체영상물을 상영하면서 영상의 움직임과 모션 플랫폼의 움직임을 동기화해주는 역할에 제한되었다. 그러나 최근에 가격 경쟁력과 모션 정밀도의 차이가 극복되고 있고 새로운 가상현실 체험 기구가 등장하면서 모션 플랫폼은 다양한 현장에 적용할 수 있게 되었다. 즉 위험성과 공간의 제약을 벗어나게 해주어 실제 경험에 근접하게 체험할 수 있게 해주는 시뮬레이션적인 경험과 과장성 및 게임의 재미까지 추가되어 테마파크가 가진 엔터테인먼트 역할을 충족시켜주는 역할이 가능하게 되었다.

모션 플랫폼은 하드웨어의 동작 방식에 따라 제어 소프트웨어와 알고리즘 등 가상현실 콘텐츠 기술의 발전을 동시에 필요로 한다. 모션 플랫폼은 자유도에 따라 동작 범위를 설정한다. 정해진 범위 내에서 상하 및 좌우로 움직이게 해주는 자유도는 모션 플랫폼에 탑승하여 실제와 같은 체험을 근접시키는 데 중요한 역할을 한다.

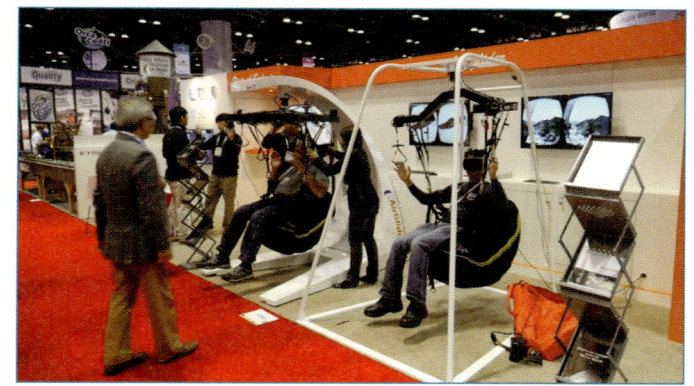

ETRI 모션 플랫폼 가상현실 시범 콘텐츠(2014년 미국 IAAPA 전시회에서의 에어글라이더 전시 장면)

출처 : ETRI

단순히 상하로 움직이는 2축 모션 시뮬레이터부터 상하, 좌우, 회전이 모두 가능한 6축 자유도를 가진 모션 플랫폼, 여기에 부유감(浮遊感)과 정밀성 및 움직임의 범위까지 가격과 용도에 맞게 분류될 수 있다. 또한 1인용부터 수십 명이 동시에 체험할 수 있는 모션 플랫폼까지 그 형태와 품질에 따라 다양한 플랫폼이 개발되고 있다. 한국전자통신연구원(ETRI)에서는 가상현실 패러글라이딩 시스템을 통해 부유감을 제시하고 바람, 입체 음향 같은 4D 효과를 추가했으며, 체험자가 직접 패러글라이딩의 조종 장치 등을 제어하여 상승, 하강하며 기류에 반응하는 능동형 모션 플랫폼 기술 개발을 완료했다.

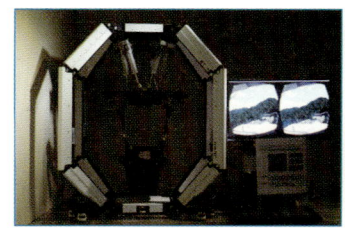 

중국 베이징 751D 파크 내 라이브 탱크(Live Tank)에 전시된 ETRI 에어글라이더 및 VR 사파리 체험 장면

출처 : ETRI

"진짜야 가짜야", 실감 나는 체험을 제공하는 VR·AR 게임

가족들이 묵고 있는 호텔의 객실층 복도에서 요란한 소리가 들려온다. 어느 쪽에서는 비명 소리가 들리고, 또 다른 쪽에서는 환호 소리가 들린다. 시장은 가족들을 모니터실에서 흐뭇하게 바라보고 있다. 여러 모니터에는 VR 게임방에 들어간 가족들 각각의 모습이 비춰지고 있다. 시장은 가족의 취향별로 가상현실·증강현실 콘텐츠를 체험하도록 촬영 스케줄을 잡아놓았다. 현재 각 가족 구성원은 VR·AR 게임을 체험하고 있는 모습을 한창 촬영 중이다.

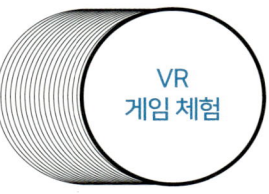

"가상현실 게임은 공간의 제약을 뛰어넘어 다양한 경험을 실감 나게 즐길 수 있습니다."

게임을 하는 모습을 촬영하기 전, 시장은 가족들에게 에트리 시티에서 체험할 수 있는 VR·AR 게임에 대한 자랑을 한 바 있었다. 시장은 VR 게임방에서 원하는 콘텐츠를 선택하면 주변 공간이 금세 과거 시대로 변하기도 하고, 전쟁 직후 폐허가 된 도시로 변하기도 하고, 미래가 되기도, 우주 세계가 되기도 한다고 말했다. 시장은 VR 게임으로 매일매일 새로운 세상을 만날 수 있을 것이라고 장담했다.

먼저 게임 마니아인 아버지는 스릴을 즐기기 위해 '공포 VR 게임'을 선택했다. HMD를 쓰자 음산한 VR 영상이 사방을 둘러싼다. 어떤 괴물이나 무서운 것이 튀어나올 것처럼 긴장감이 흐른다. 순간 그의 우측 옆 시야에서 좀비가 훅 다가온다. 전방만 주시하고 있다가 방심한 아버지는 너무 놀라 HMD를 벗어던진다. 이내 촬영 중임을 떠올린 아버지는 심기일전해 HMD를 다시 쓴다. 이윽고 사방에서 좀비가 튀어나오고, 아버지는 람보처럼 총을 쏘아댄다.

공포 VR 게임이 끝난 후 다음으로 아버지는 '슈팅 VR 게임'을 하기로 했다. 아버지는 슈팅 게임이 스트레스를 풀기에 제격이라며 이 게임은 자신 있다고 말한다. 외계 행성을 배경으로 외계인과 전투를 벌이는 이 게임은 다양한 무기들을 실감 나게 사용해볼 수 있는 것이 묘미였다. 아버지는 총을 쏘다가 때로는 종합격투기를 하듯 몸을 이용해 외계인과 맞서 싸우며 위기 상황을 모면하기도 했다.

첫째 아들은 배우로서 경험을 넓히기 위해 '가상현실 직업 체험 콘텐츠'◀미주3를 선택했다. 이 콘텐츠는 사용자가 가상의 사무실에 입사한 신입사원으로 분해 사무직 업무를 체험하는 게임이다. 게임을 시작하자, 그에게 직원 책상이 주어졌다. 서랍에서 필요한 책을 꺼내 보는데 상사의 미션이 주어진다. 그는 복사기를 작동시켜 심부름을 처리했다. 이후 또 다른 미션이 주어졌다. 컴퓨터로 엑셀 파일의 간단한 수식을 수정하는 것이다. 정신없이 이어지는 게임의 미션을 수행하다가 그는 사무실 구석에서 커피머신을 발견했다. 그는 커피를 한잔 마시며 숨을 돌렸다. 간접적으로나마 직장인의 하루를 느껴볼 수 있는 흥미로운 시간이었다. 첫째 아들은 다음에는 요리사 체험을 시도하기 위해 콘텐츠를 바꾼다. 이번에는 어떤 새로운 미션이 주어질지 궁금하기도 하고 살짝 긴장도 된다.

가수인 어머니는 음악 콘텐츠에 관심이 많다고 시장에게 사전에 밝혔다. 이에 시장은 어머니의 취향에 맞춰 '리듬 VR 게임'◀미주4을 준비해주었다. 이것은 가상 드럼스틱으로 배경음악에 맞춰 연주하는 게임이다. 어머니는 VR 기기를 착용하고 음악을 고른다. 댄스음악, 발라드, 록, 클래식 등 다양한 음악을 선택할 수 있다. 댄스음악을 선택한 어머니는 처음에는 게임에 적응하느라 서툴렀지만 차차 방법을 터득하면서 곧 드럼 연주에 빠져들었다.

리듬 VR 게임을 마치고 휴식을 취하고 있는 어머니에게 시장은 오디오 VR 게임방으로 안내한다. 시장은 '오디오 VR 게임' ◁미주5 은 소리로 듣고 사용자 자신이 상상하면서 플레이하는 게임이기 때문에 시각장애인도 체험할 수 있다고 한다. 어머니는 소리로 듣고 상상한다는 이 게임이 어떤 게임인지 머리에 잘 그려지지 않았다. 시장은 가상현실은 시각적인 것만이 아니라 듣고 느끼는 것까지 실감 나게 표현한 기술이라고 덧붙이며, 오디오 VR 게임을 즐기는 방법을 소개한다. 그는 기계에서 나오는 내레이션을 듣고 바로 상상하고, 스마트폰 화면을 만져 상호작용을 하는 것이라고 설명한다. 예를 들어 방 탈출 미션이 있다면 소리의 세기에 따라 장애물을 인식해 장소를 이동할 수 있다고 한다. 어머니는 보이지 않는 공간에서 청각에 의존해 상상력만으로 게임을 한다는 발상도 새로운데, 시각장애인도 즐길 수 있는 VR 게임이라니 취지가 좋다고 생각되어 거리낌 없이 해보기로 한다.

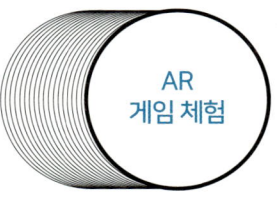

막내아들과 할아버지는 야외로 나가 주변 풍경을 보며 증강현실 게임을 즐기기로 했다.

"증강현실 게임에서는 현실의 모든 곳이 게임 존이 됩니다. 무엇보다 가상 캐릭터가 현실 세계에 등장하기 때문에 게임에 대한 '몰입감'을 높이죠."

시장은 AR 게임을 설명하며 막내아들에게 스마트폰과 캐릭터 카드를 선물했다. 카드를 만지작거리며 살펴보고 있는 손자에게 할아버지는 그 카드로 어떤 놀이를 할 것이냐며 묻는다. 이에 막내아들은 웃으며 카드의 캐릭터들이 서로 싸울 것이라고 말한다.

막내아들은 시장이 알려준 방법에 따라 스마트폰으로 인터넷에 접속해 특정 웹사이트로 들어갔다. 선물 받은 캐릭터 카드◀미주6를 스마트폰 카메라로 촬영하니 특정 페이지 안에서 캐릭터가 입력된다. 그러자 입력이 완료된 카드 위로 해당 캐릭터가 떠오른다. 이에 막내아들은 주변을 돌아다니면서 같은 종류의 카드를 지닌 또래 친구들을 찾아 대전을 신청한다. 상대방 카드의 캐릭터까지 입력시키자 본격적인 대전이 펼쳐진다. 증강현실로 나타난 캐릭터들이 무기를 휘두르며 서로 맞서 싸운다. 막내아들의 캐릭터가 우세했는지 몇 번의 타격이 오가고 승부가 쉽게 결정 난다. 막내아들의 캐릭터가 대전에서 승리한 것이다. 카드 게임에서 이겨 크게 기뻐하는 손자를 보니 할아버지는 자신의 어린 시절이 떠올라 빙그레 웃는다. 뒤이어 할아버지도 AR 게임을 체험하기 위해 다음 장소로 출발했다. 얼마 되지 않아 할아버지가 탄 자동차는 한 관광지에 정차했다. 에트리 시티는 가상현실·증강현실 기술의 도시로 주목받고 있지만, 그 이전에 운석 구덩이가 있는 유명한 관광지이기도 하다. 시장은 이곳을 운석 탐험 AR 게임 존으로 만들었다. 이 근방에서는 관광객이 이동할 때마다 증강현실로 운석과 함께 유명한 과학자 캐릭터가 등장하고, 운석을 학습할 수 있는 퀴즈가 제시된다. 시장은 위치 추적 기술과 증강현실 기술의 결합으로 이 같은 게임 존을 만들 수 있었다고 설명한다.

VR 소셜 게임 체험

저녁 7시. 가족 구성원들이 시간을 확인하더니 모두 하던 일을 멈추고 약속한 듯 VR 기기를 쓰고 스마트폰을 집어 든다. 각자 몸은 떨어져 있지만 가상의 소셜 공간에서 모이기 위함이다. 가상공간에서 아바타로 등장한 가족들은 오늘 하루 서로가 체험한 게임에 대해 활발하게 대화를 나눈다. 이때 고양이가 나타나더니 가족들 앞에서 꼬리를 흔들어댄다. 가족들이 함께 키우는 가상의 반려동물이다. 그 밖에도 이구아나, 거북이, 사막여우 등 다양한 가상의 반려동물이 나타나 가족들과 함께 행복한 시간을 보낸다.

현실 세계와 가상 세계의 경계가 모호할 정도로 생생한 VR·AR 게임 덕분에 새로운 체험을 해본 가족들은 다음번 방문 때는 또 어떤 실감 나는 게임을 하게 될지 벌써부터 기대감에 찬 표정이다. 게임 마니아인 아버지는 자신보다 VR·AR 게임에 열광하는 가족들을 보며 조용히 혼잣말로 중얼거린다. "역시 게임이 최고야."

실제 국내외 VR·AR 게임 사례

VR 게임 사례

세계적으로 비디오 게임시장을 이끌고 있는 일본의 대표적 게임 회사인 캡콤(Capcom)은 '바이오하자드7: 레지던트 이블(Biohazard7: Resident Evil)'을 출시하며 VR 게임시장에 발을 내딛었다. 바이오하자드7은 그동안 액션 중심으로 흘러가던 시리즈를 변경하여 폐가에서의 공포 체험으로 초점을 맞추었다. 기존 바이오하자드 시리즈를 즐겨 하던 사용자들의 우려가 있었지만, 가상현실에서만 느낄 수 있는 임장감(臨場感)에 의해 사용자들은 더욱더 게임에 몰입하게 되고 현실적으로 느껴 게임을 성공적으로 이끌 수 있었다. 바이오하자드7은 VR 게임시장에서 가장 큰 성공을 말할 때 이름이 거론될 만큼 큰 성공을 거두고 있다. 플레이스테이션4(PS4)에서 바이오하자드 게임을 하고 VR 환경에서 실행한 사람의 비율이 웹에서 등록된 사람을 기준으로 꾸준히 10퍼센트를 넘는 것으로 알려졌다. 하지만 실제로 게임을 하는 사용자들은 더더욱 많을 것으로 보고 있다.

캡콤의 바이오하자드7:
레지던트 이블

출처 : https://ur-31.deviantart.com/art/Resident-Evil-Leon-and-Claire-284924084

슈퍼매시브게임스(Supermassive Games) 사는 2015년에 '언틸 던(Until Dawn)'이라는 호러 게임을 발매하여 큰 인기를 얻었다. 이러한 인기를 바탕으로 슈퍼매시브게임스는 '언틸 던: 러시 오브 블러드(Until Dawn: Rush of Blood)'라는 VR 전용 스핀오프 작품을 개발했는데, 기존 시리즈의 영향으로 많은 기대를 불러 모으면서 성공적으로 출시될 수 있었다.

전작이 드라마 장르의 스토리 위주의 게임이었다면, 언틸 던: 러시 오브 블러드는 호러 슈팅 게임으로 플레이어의 움직임을 롤러코스터를 타고 움직이는 형식으로 설정해 속도감을 더했다. 이 게임은 바이오하자드7과 마찬가지로 공포를 주된 장르로 설정했는데 사람의 감정, 특히 흥분 상태를 유발할 수 있는 공포물로 설정하여 사용자들의 관심을 집중시키고 몰입할 수 있도록 했다. 그렇지만 캐릭터를 직접 움직일 수는 없고 오로지 시선과 총만으로 움직일 수 있도록 했다.

컴퓨터 비디오 게임 개발 회사로 세계적으로 이름이 높은 회사 가

....

슈퍼매시브게임스의 언틸 던:
러시 오브 블러드

출처 : https://www.youtube.com/watch?v=oBbP19k2f1o, https://www.youtube.com/watch?v=HSnoB4yCT_k 게임 플레이 영상에서 캡처.

운데 유비소프트(Ubisoft)가 있다. 이 회사는 콘솔 게임을 해봤다는 사람이라면 누구나 알 만한 '파크라이(Far Cry)' 시리즈나 '어쌔신 크리드(Assassin's Creed)' 등 많은 게임을 개발했다. 게임 회사로서의 명성에 걸맞게 유비소프트에서도 VR 게임인 '이글 플라이트(Eagle Flight)'를 개발했는데 그 유명세만큼 다양한 매체에서 출시되기도 전에 기대작으로 주목을 받았다. 이글 플라이트의 배경은 인류가 사라진 후 미래의 프랑스를 배경으로 삼고 있다. 사용자가 한 마리의 독수리가 되어 프랑스 상공을 날아다니며 생존 경쟁을 하며 주어진 미션을 수행하는 게임이다. 독수리 시점의 비행 게임이지만 단순히 날기만 하는 것이 아니라 숨겨진 수집품을 찾고 도시를 탐험하며, 멀티 플레이에서 상대를 따돌리기 위해 숨겨진 길을 찾아내야 하는 전략적 묘미도 느낄 수 있다. 좁은 골목길까지 파리 구석구석을 날아다니는 체험으로 어지러울 법하지만 높은 비행 기술력으로 사용자들을 만족시켰다는 평가를 받고 있다.

국내 업체의 VR 게임으로는 동작 인식 기술을 기반으로 하는 디바이스를 개발하는 유즈브레인넷(Uzbrainnet) 사의 가상 전술훈련 시뮬레이터인 'TTS(Tactics Training Simulator)'와 체감형 '총 컨트롤러'를 들 수 있다. TTS는 1인칭 시점에서 총기류를 이용해 전투를 하는 1인칭 슈팅 게임(FPS, First-Person Shooter)으로 PC뿐만 아니라 안경 기반의 가상현실 환경과도 연동된다. 총 컨트롤러는 총을 발사하는 트리거와 조작키를 담당하는 패드 외에 반동 장치가 있어서 실제 전투를 하는 듯한 경험을 느낄 수 있다. 총 컨트롤러는 이동과 슈팅을 함께 조작할 수 있도록 디자인된 VR 슈팅 컨트롤러를 지원함으로써 사용자들이 한층 더 몰입감을 느낄 수 있도록 설계되었다.

유즈브레인넷의 TTS와
총 컨트롤러

 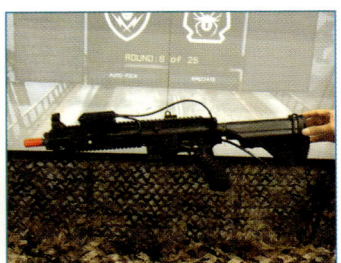

출처 : ETRI(전시회에 출품된 유즈브레인넷 제품 및 시연 상황을 동의를 받아 촬영함)

AR 게임 사례

최근 증강현실을 이용한 게임은 크게 '위치 기반 서비스'와 '마커(Marker) 기반 서비스'로 나눌 수 있다. 위치 기반 서비스는 스마트폰의 GPS 장치를 이용하여 현재 사용자의 위치를 수치로 나타내어 기기가 인식할 수 있도록 하는 방식이다. 한편 마커 기반 서비스는 이미지나 일정한 패턴의 무늬를 스마트폰이 카메라로 인식하고 가상의 캐릭터를 보여주는 방식이다.

2016년 7월에 출시된 나이앤틱(Niantic)의 '포켓몬GO'는 포켓몬스터의 지적재산권을 바탕으로 증강현실 기술을 사용하여 개발한 게임으로 한동안 사람들에게 폭발적인 인기를 끌었다. 포켓몬GO는 GPS와 구글맵을 기반으로 사용자가 포켓몬스터를 수집하고 육성할 수 있게 설계되었다. 최근 국내에서 출시된 위치 기반 증강현실 게임들의 경우 사용자 간에 상호작용할 수 있는 콘텐츠가 더 발전했다는 평가를 받고 있다.

1.4인터랙티브의 '터닝메카드GO'는 포켓몬GO와 마찬가지로 TV 애니메이션에 등장하는 캐릭터를 사용한 게임으로, 캐릭터를 육성하여 사용자끼리 대전할 수 있는 기능을 추가했다. 엠게임(Mgame)의 '캐치몬'은 몬스터를 카드 형태로 수집하는 게임이다. 이 카드를 사용하여 다른 사용자들과 대전할 수 있고, 보드 게임 및 카드 게임도 할 수 있다. 강한 몬스터를 여러 사용자가 함께 상대할 수 있는 레이드(Raid) 기능도 지원한다.

한빛소프트의 '역사탐험대AR'은 기존 위치 기반 증강현실 게임에 교육적인 요소를 추가한 게임이다. 역사적인 인물들이 캐릭터로 등장하며 관련된 관광지를 활용한 콘텐츠를 제공한다. 지역 명소에 가면 해당 지역과 관련된 특별한 캐릭터를 만날 수 있다. 또한 한국사검정능력시험에 출제된 문제들을 퀴즈 형태로 제공하여 추가적인 보너스를 받을 수 있다.

위치 기반 증강현실 게임은 증강현실 자체의 기술 활용을 넘어 사용자끼리 상호작용할 수 있는 콘텐츠를 활용할 수 있게 되었다. 그뿐만 아니라 교육적인 요소나 지역 체험 활성화 등의 게임 외적인 부분에서도 증강현실 기술이 사용자에게 영향을 줄 수 있다는 점을 고려하여 개발하고 있다.

한편 마커 기반 증강현실 게임은 가상의 캐릭터를 띄우기 위해 실제 캐릭터 카드를 이용한다. 캐릭터 카드를 스마트폰이 인식하면 가상의 캐릭터가 스마트폰 화면에 나타난다. AR스톰(ARstorm) 사의 '배틀카드 히어로'는 카드를 인식한 후 등장하는 가상의 캐릭터들로 팀을 편성하여 다른 사용자들과의 대전이나 몬스터와의 전투가 가능하다. 엠코코아(mCoCoa)의 '이그라스 대전' 역시 카드를 인식해서 등장하는 가상의 캐릭터가 나타나면 캐릭터끼리 전투

위치 기반 증강현실 게임

게임명　포켓몬GO
장르　　RPG
출시　　2016.7.
개발사　나이앤틱
비고
❶ GPS와 구글맵을 이용한 위치 기반 게임
❷ 포켓몬스터 IP를 이용하여 소셜미디어에서 큰 화제가 됨

게임명　터닝메카드GO
장르　　RPG
출시　　2017.1.
개발사　1.4인터랙티브
비고
❶ 방영 중인 애니메이션의 IP를 사용
❷ 사용자 간의 대전 기능 추가

게임명	캐치몬
장르	RPG/보드
출시	2017.3.
개발사	엠게임
비고	❶ 몬스터를 카드 형태로 수집하여 보드 게임에 활용 가능 ❷ 사용자들 간의 대전 및 파티 플레이 기능 지원

게임명	역사탐험대AR
장르	RPG/교육
출시	2017.5.
개발사	한빛소프트
비고	❶ 관광지에 관련된 역사 속 인물을 콘텐츠로 활용 ❷ 역사 퀴즈를 접목시킴

사진 출처 : 포켓몬GO https://www.flickr.com/photos/albert_hsieh/28233693814/, https://www.flickr.com/photos/28948358@N05/28294237775/, 터닝메카드GO http://it.chosun.com/news/article.html?no=2830115(IT조선), 캐치몬 https://play.google.com/store/apps/details?id=com.mgame.catchmon&hl=ko(구글 플레이 스토어), 역사탐험대AR http://file.thisisgame.com/upload/nboard/news/2017/04/28/20170428112114_2213.jpg

마커 기반 증강현실 게임

게임명	배틀카드 히어로
장르	TCG
출시	2016.7.
개발사	AR스톰
비고	❶ 카드로 3D 캐릭터를 생성하고 다른 사용자와 대전 가능 ❷ 여러 카드를 이용한 팀 편성 가능

게임명	이그라스 대전
장르	TCG
출시	2016.9.
개발사	엠코코아
비고	❶ 증강현실을 이용하여 카드에서 3D 캐릭터를 보여줌 ❷ 카드를 이용해서 3D 캐릭터를 띄운 후 다른 사용자와 대전 가능

사진 출처 : 배틀카드 히어로 http://cafe.naver.com/battlecardhero/49, 이그라스 대전 https://play.google.com/store/apps/details?id=com.mcocoa.jungle&hl=ko(구글 플레이 스토어)

....

마커리스 형태의 실물 이미지 기반 증강현실 게임

게임명	태권히어로즈
장르	TCG/교육
출시	2016.8.
개발사	XO소프트
비고	
❶ 카드를 인식하여 태권도 동작을 하는 3D 캐릭터를 보여줌	

사진 출처 : 태권히어로즈 https://play.google.com/store/apps/details?id=kr.co.xosoft.tyon&hl=ko(구글 플레이 스토어)

가 진행되는 방식이다. XO소프트(XOsoft)의 '태권히어로즈'는 등장하는 가상 캐릭터들이 태권도 품새를 기본 동작부터 응용 동작까지 취하며 생생하게 전하기 때문에 태권도에 관한 교육적 효과를 제공하고 있다는 평가를 받고 있다. XO소프트에서 개발한 'XAR'은 증강현실 앱을 통해 구현되며, 마커리스(Markerless) 형태의 실물 이미지 인식 기반으로 구현된다.

'보는' 즐거움과 '하는' 즐거움을 동시에 만족시키는 VR·AR 스포츠

유명 축구선수인 아버지는 아침부터 분주한 모습이다. 아버지는 스튜디오에서 축구 동작을 취하며 전신 촬영을 한창 진행 중이다. 스포츠 스타와 함께하는 가상현실 스포츠 서비스를 위한 촬영으로, 사용자가 가상현실로 나타난 축구선수와 대결하는 체험을 할 수 있도록 만들기 위함이다. 시장은 아버지에게 테니스 선수 사라포바◀미주7의 사례처럼 인기 있는 스포츠 콘텐츠를 만들자고 독려했다. VR 축구 콘텐츠를 만드는 과정에서 아버지는 전신을 정밀 3D 스캔하고, 특유의 몸동작을 캡처했다. 그리고 가상 캐릭터인 자기 자신을 상대로 직접 축구를 해보며 테스트했다. 자신의 동작 패턴을 아는 아버지가 가상현실 속 자신과 펼치는 흥미진진한 대결에 시장은 박수를 치며 지켜본다.

"가상현실 스포츠는 '보는' 즐거움과 '하는' 즐거움을 배가시키는 방법으로 진화하고 있습니다."

시장은 이 같은 설명을 덧붙이며 가족을 관람장 쪽으로 데려간다.

실감 나게 '보는' 스포츠

관람장에 들어선 가족들은 일반적인 홀과 다름없는 모습에 의아해하면서 홀 내부를 둘러보았다. 이에 시장은 스포츠 경기장에 직접 가지 않아도 'VR 스포츠 중계 서비스'를 이용하면 어디서든 VR 기기를 착용하고 경기를 실감 나게 관람할 수 있다고 말한다. 가족들이 VR 기기를 착용하자, 스페인 경기장에서의 축구 경기가 가상현실 화면으로 생중계 된다. 현장감 넘치는 경기장의 모습보다 더 놀라운 것은 허공을 가르고 지나가는 공의 소리까지 실감 나게 들린다는 점이다. 가족들이 이리저리 화면을 움직이다 한 선수를 확대하니 헤딩슛을 하는 선수의 표정까지 바로 옆에서 볼 수 있다.

할아버지는 채널을 바꿔 NBA 농구 경기를 시청한다. 가상현실 화면으로 원하는 장면을 여러 각도에서 다양하게 볼 수 있고, 좋아하는 선수를 확대해서 움직임을 보다 세밀하게 살필 수 있으니 직접 보는 것처럼 생동감이 넘친다. 할아버지는 골대 아래쪽으로 화면을 돌려 덩크슛을 넣는 선수의 점프 모습을 확대해 생생하게 즐긴다. VR 기기를 쓰고 즐겁게 시청하는 가족들에게 시장은 이렇게 말한다.

"VR 스포츠는 실제 경기를 바로 옆에서 지켜보는 듯한 느낌을 더해 중계방송의 재미를 더합니다. 하지만 백문이 불여일견, 실감 나게 스포츠를 체험할 수 있는 곳으로 이동해볼까요."

실감 나게 '하는' 스포츠

체험장에 입장하니 역동적으로 몸을 움직이는 체험자들의 모습이 눈에 띈다. 체험장에서는 스포츠 체험과 더불어 운동 효과를 수치로 표현한 정보까지 볼 수 있다고 시장은 말한다. 가족들은 VR 스포츠 체험 서비스를 구현하는 다양한 기구들 쪽으로 걸음을 옮겼다. 먼저 배우인 첫째 아들이 VR용 자전거에 올라탔다. 그러자 그의 눈앞에 산악 풍경과 땅의 경사가 잘 표현된 영상이 펼쳐진다. 실제 트랙을 돌듯 격렬하게 페달을 밟는 그의 다리 근육이 바삐 움직이는 것이 보인다. 수준급 실력을 뽐낸 첫째 아들에게 시장이 다른 사람들과 경쟁도 할 수 있다고 귀띔하자, 그는 동료 배우인 브래드 피트, 성룡 등의 배우들을 온라인 무대로 초청한다. 곧 가상현실 속 화면에 각 배우들의 캐릭터가 나타난다. 드디어 자전거 경기가 시작되고, 접전 끝에 첫째 아들은 최고 기록을 세우며 1등을 차지한다. 온

몸이 땀범벅이 된 그는 경기에서 승리해 크게 기뻐한다. 실제 자전거 경기였으면 졌을 것이라는 동생의 짓궂은 말에도 그의 기분은 사그라질 줄 모른다.

어머니와 할아버지는 VR 스키와 VR 스노보드 코너로 갔다. 트레드밀(treadmill) 위에 스키 장비가 놓여 있고, 화면에는 눈 덮인 스키장이 펼쳐진다. 양옆으로 움직이는 트레드밀은 코스별로 다른 속도를 낸다. 어머니는 실제로는 초급 코스에서 스키를 타는데 가상현실에서는 상급 코스를 맘껏 즐길 수 있어서 더 만족스러워했다. 할아버지는 VR 스노보드를 선택했다. 역시 트레드밀 위에 스노보드가 놓여 있다. 스노보드에 양발을 넣은 할아버지는 허리 근육에 무리가 가지 않으면서도 다리 힘이 강해지는 운동 효과를 느꼈다. 가족들을 지켜보며 시장은 이렇게 말한다.

"가상현실로 장소와 시간의 제약 없이 사시사철 원하는 스포츠를 즐길 수 있습니다."

막내아들은 따로 초등학교에 가서 스크린 축구 시연 장면을 촬영하기로 했다. 학교에 가니 막내아들 또래의 친구들이 보인다. 촬영은 실내 운동장에서 이루어진다. 아이들이 찬 공이 가상화면 공으로 바뀌어 화면 속의 드넓은 운동장을 가로질러 골대에 들어가는 모습이 보인다. 가상현실로 하는 운동이라 신체에 무리가 덜 가기 때문에 몸이 불편한 친구도 함께할 수 있는 장점이 있다. 그런데 막내아들이 찬 공이 골대를 번번이 비켜간다. 이에 신경이 쓰인 막내가 풀이 죽어 있는데, 화면에 축구선수인 아버지 모습이 나타난다. 아버지가 모션 캡처 했던 것이 바로 스크린 축구에 쓰인 것이다. 가상현실로 나타난 축구선수와 사용자들이 1 대 1 승부차기도 할 수 있다. 반가움도 잠시, 막내아들은 승부차기에서도 좀처럼 점수를 얻지 못했다. 축구선수인 아버지와 달리 많이 부족한 축구 실력에 아이들이 막내아들을 놀려댔다. 막내아들은 기분이 상해 그냥 호텔로 돌아왔다. 막내아들은 축구가 서툴고 형보다 운동 실력은 못하지만 태권도는 잘한다. 호텔 방 안에서 막내아들은 기분도 풀고 태권도 연습도 할 겸 태권도 코칭 가상현실 영상을 틀었다. 태권도 자세를 평가해주고, 전문가와 사용자의 자세를 비교하며 바로잡아 주는 이 프로그램은 막내아들의 태권도 실력을 보다 향상시켜주었다. 다음 날 이 소식을 들은 시장은 막내아들에게 에트리 시티 내 태권도 청소년부 단원과의 가상현실 속 대련을 주선해주었다. 그동안의 훈련 덕분인지 막내아들은 보란 듯이 승리했다. 자존심을 회복한 막내아들은 뛸 듯이 기뻐한다. 아울러 그를 지켜보는 가족들의 얼굴에 환한 미소가 번진다.

실제 국내외 VR·AR 스포츠 사례

스포츠 중계에서의 VR·AR

가상현실·증강현실 스포츠 중계는 VR 장비를 활용해 스포츠 중계를 실시간으로 시청할 수 있는 스트리밍 서비스 기술이다. 여러 대의 카메라로 촬영된 영상을 VR 영상으로 생성하여 사용자에게 전송하는 것이다. 앞의 시나리오 속 등장인물들이 그러했듯이, 시청자는 VR 기기를 착용하고 자리에 앉아 머리를 움직이는 것만으로 다양한 시점의 영상을 시청할 수 있다. 그뿐만 아니라 다양한 위치에서 촬영된 VR 영상을 선택적으로 시청할 수도 있다.

대표적인 VR 스포츠 중계 서비스는 '넥스트VR'과 KT의 'GIGA VR'이 있다. 넥스트VR은 삼성이나 구글 VR 기기와 넥스트VR 앱을 연동하여 스포츠 중계 서비스를 지원한다. 현재 넥스트VR은 NBA와 협력하여 하이라이트 영상을 제공하고 있다. 이외에 NFL 경기, US

360도 카메라 예

출처 : https://pixabay.com

https://goo.gl/images/CXdQtX

오픈 테니스 챔피언십, US 오픈 골프 경기 영상을 시범 서비스한 바 있다.

KT는 GIGA VR 서비스로 국내 야구 생중계를 실시했다. 1루, 3루, 포수석에 각각 5대의 VR 카메라를 설치하고, 촬영된 영상을 실시간으로 VR 영상으로 변환시켜 시청자에게 전송했다. 좀 더 구체적으로 설명하면 5대의 VR 카메라를 모든 방향을 촬영할 수 있도록 원형으로 배치하고, 촬영된 4K 영상들을 이어붙이는 방식의 '스티칭(Stitching)' 기술을 적용하면 360도 VR 영상이 생성된다.

스포츠 체험에서의 VR·AR

스포츠 활동도 가상현실·증강현실 기술을 활용하여 체험해볼 수 있다. 특히 넓은 공간을 필요로 하는 스포츠 종목이나 자연 및 기후 조건을 갖추지 못하면 할 수 없는 종목과 같이 공간적 제약이 있는 종목의 경우 가상현실에서 간접적으로 체험할 수 있는 장점이 있다. 그뿐만 아니라 스포츠 종목별로 특화된 기록들을 실시간으로 측정, 확인이 가능해 운동 효과를 시각적으로 확인할 수 있다. 다양한 스포츠 종목 가운데 자전거 분야는 가상현실·증강현실 기술의 각축장으로 꼽힌다. 실내형 자전거의 경우 가상현실 기술을 도입함으로써 체험자의 재미와 몰입도를 한층 더 높일 수 있게 되었다. 이전에 사람들은 홀로 페달을 밟으며 지루함을 달래기 위해 음악을 듣거나 TV를 시청하곤 했지만, 이제는 가상현실에서 다른 사용자들과 경쟁하면서 운동의 재미를 느낄 수 있다.

액티브테인먼트(ACTIVETAINMENT) 사에서 개발한 '이보브(ebove B\01)'는 가상현실과 상호작용하는 실내형 자전거 시뮬레이터로 체험자에게 산악자전거를 타는 느낌도 전달해준다. 자전거의 기본 기능인 기어 조절이나 브레이크 기능은 물론 체험자의 움직임과 가상현실의 지형에 따라 시뮬레이터의 상하좌우의 기울기가 변하고 페달의 저항감도 느낄 수 있다. 온라인상에서 다른 사용자들과 경쟁하

액티브테인먼트의 이보브 실내형 자전거 시뮬레이터

출처 : http://www.activetainment.com/eboveproducts/#products(위쪽 사진)
http://www.activetainment.com/#ebove(아래쪽 사진)

며 경주할 수 있는 것 또한 매력적인 요소다. 자전거 외에도 액티브 테인먼트에서는 가상현실 기술을 접목한 로잉머신과 러닝머신의 제품 개발을 준비 중이다.

실제 자전거를 타고 가상현실 기기만 착용하여 현실감을 높이는 서비스도 제공되고 있다. 미국의 벤처기업 코핀(Kopin) 사가 개발한 '솔로스 스마트 사이클링 글라스(Solos smart cycling glasses)'는 실제 자전거를 이용하면서 가상현실 기기인 솔로스 스마트 글라스와 솔로스 앱으로 라이더의 주행 능력을 측정한다. 솔로스 스마트 사이클링 글라스는 구글글라스와 유사한 형태로 눈앞의 별도의 렌즈를 통해 자전거를 타는 동안 주행 정보를 시각화한다. 랩타임, 이동 거리, 평균속도 측정, 내비게이션 기능을 제공할 뿐만 아니라 이전 자신의 기록과 비교하여 경주할 수 있는 고스트 라이더 기능을 제공한다.

자전거 VR이 일상 스포츠의 경험을 확대했다면, 특정 계절에만 할 수 있는 스키나 스노보드를 어느 계절이든 상관없이 평상시에도 체험할 수 있게 하는 가상현실 서비스가 주목을 받고 있다. 스카이테크스포츠(SkyTechSport) 사는 실내에서 스키와 스노보드를 체험할 수 있는 '알파인'과 '다운힐 프로' 시뮬레이터 제품을 출시했다. 특수 제작된 스키나 스노보드를 착용하고 시뮬레이터 위를 좌우로 반복적으로 움직이며 가상공간에서 겨울 스포츠를 경험할 수 있다. 스키의 물리학 및 역학 이론을 기반으로 만들어진 이 스키 시뮬레이터는 특수 제작된 장비를 이용해 수집된 정보를 종합 분석하고 컨트롤한다. 현재 슬로프의 상태와 체험자의 좌우측 발의 각도에 따라 시뮬레이터의 네 개의 모터를 제어하면서 사용자에게 실제 스키를 타는 듯한 느낌을 제공해준다. 또한 가상공간의 코스와 눈의 상태, 장애물의 상태를 선택할 수 있게 해 다양한 상황 속에서 스

스카이테크스포츠의
스키 시뮬레이터

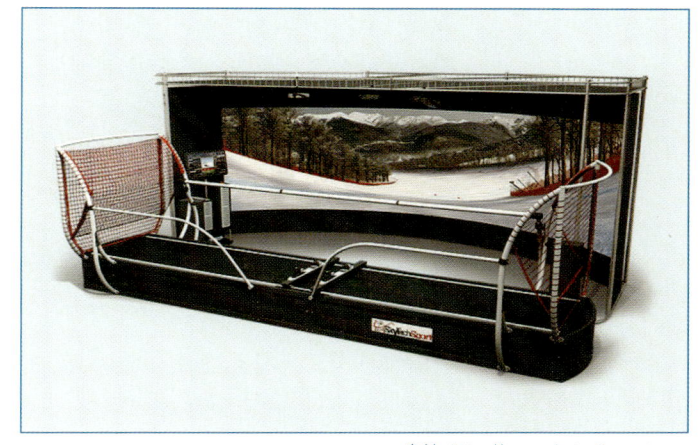

출처 : http://www.skytechsport.com

키나 스노보드를 체험할 수 있게 한다.

스크린 스포츠도 가상현실 기술이 도입된 대표적인 분야다. 이미 스크린 골프, 스크린 야구, 스크린 축구 등이 대중적으로 인기를 끌고 있다. 최근 서울옥수초등학교에서는 스크린 스포츠를 활용한 체육 수업을 진행하고 있다. 눈길을 끄는 VR 스포츠 콘텐츠로 아이들의 수업 참여도를 높여 학습 효과를 향상시킬 수 있다는 장점이 있다. 학생들은 스크린 스포츠를 통해 목표물에 공을 던지거나 또는 공을 차는 등의 여러 운동을 체험한다. 이 VR 스포츠에 참여하는 학생들은 단순히 목표물을 맞히는 데 집중하는 것처럼 보이지만 교과 과정과 연계된 콘텐츠를 체험하며 학습과 운동을 동시에 진행하게 된다.

서울옥수초등학교에 설치된 스크린 스포츠 시뮬레이터는 축구 프리킥 훈련도 지원한다. ETRI와 에어패스(AIRPASS) 사가 공동 개발한 이 시뮬레이터는 프리킥 훈련 시 스크린을 향해 날아가는 공의 모션을 정확하게 분석하고, 가상현실에서 날아가는 공의 궤적을 실제와 같이 재현한다. 수비수의 수와 거리, 골대로부터의 거리 등 자신이 원하는 상황을 설정하고, 프로 축구선수처럼 반복 훈련하며 프리킥 능력을 향상시킬 수 있다. 축구 외에도 시뮬레이터에 적용된 모션 인식 기술과 궤적 시뮬레이션 기술은 골프, 야구 등 여러 가지 구기 종목에 활용될 수 있다.

앞에서도 살펴봤지만 스포츠를 배움과 적극적으로 연관시킨 가상현실·증강현실 서비스로 ETRI의 사례를 꼽을 수 있다. ETRI는 일반인이 태권도 품새를 배울 수 있는 태권도 훈련 플랫폼을 개발해 주목을 받고 있다. 이 플랫폼은 '4m × 4m' 공간 내에서 사용자의 동작을 인식하고, 태권도 기본 동작 및 품새 1~8장을 훈련할 수 있는 기능을 제공한다. 실시간으로 사용자 동작을 인식하기 위해 8

ETRI와 에어패스가 공동 개발한 스크린 스포츠 시뮬레이터의 가상 화면과 장비 (서울옥수초등학교 설치)

출처 : ETRI

대의 3D 카메라를 배치하고, 깊이맵 정보를 처리하여 동작 정보를 획득한다. 사용자는 가상공간에서 표현되는 자신의 동작과 실행되는 전문가의 동작을 비교하며 태권도 품새 동작을 훈련할 수 있다. 단위 동작마다 사용자의 동작 정보는 전문가의 동작과 비교되어 무게중심 유사도, 동작의 빠르기, 자세의 정확도가 평가되고, '오늘의 코칭'으로 자세 교정 정보를 제공받을 수 있다.

이렇게 가상현실 스포츠 기술은 실내 공간에서도 실제 운동을 하

ETRI의 태권도 VR 훈련 체험 시스템 및 태권도 체험 장면

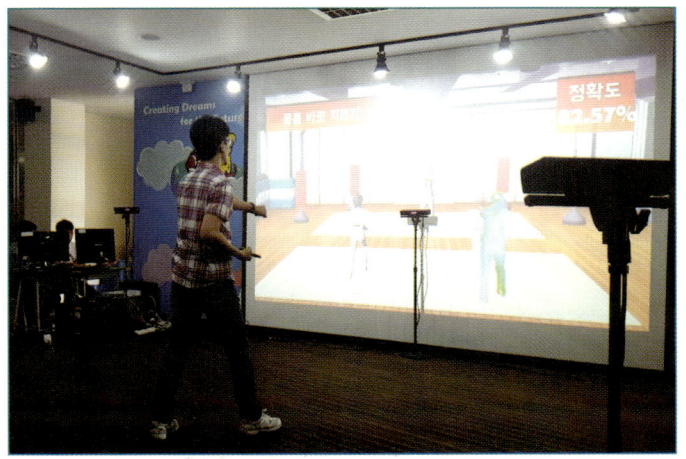

출처 : ETRI

는 것과 같은 느낌을 주는 '실감 체험' 형태로 발전하고 있다. 스포츠 특유의 재미와 경쟁심을 느낄 수 있는 것은 기본이다. 실제 촬영된 영상이나 각종 센서에서 얻은 정보를 기반으로 실제 장소와 유사한 가상공간을 만들고, 경기 중의 느낌을 나타내는 사운드와 움직임을 재현하며 체험자의 시각, 청각, 촉각 등 여러 가지 감각을 자극한다.

이처럼 기존의 가상공간을 보여주는 방식에서 실감 체험 방식으로 기술이 발전되고 있지만, 좀 더 나아가 앞으로는 VR 봅슬레이 시뮬레이터와 같이 전문 선수들을 대상으로 한 훈련에 활용할 수 있는 방향으로 기술이 발전될 것으로 보인다. 실제로 한국스포츠개발원에서는 VR 기술을 활용하여 썰매를 타고 내려가는 '루지 훈련 시뮬레이터'를 개발했다. 이 시뮬레이터에서는 VR 기기를 착용한 체험자가 평창 동계올림픽 코스를 기반으로 만든 가상공간을 실제 경기처럼 질주할 수 있다. 체험자 손발의 움직임에 맞춰 시뮬레이터가 기울어지고, 얼음과의 마찰로 생기는 소리와 진동을 생생하게 전달해준다. 실제 루지 훈련을 하며 촬영한 360도 영상과 수집된 센서 정보를 기반으로 개발된 이 시뮬레이터는 단순한 체험을 넘어 얼음이 얼지 않는 시즌 동안에 한국 루지 대표팀 선수들의 훈련까지도 책임지고 있다.

한국스포츠개발원의
루지 훈련 시뮬레이터를 이용한
훈련 장면

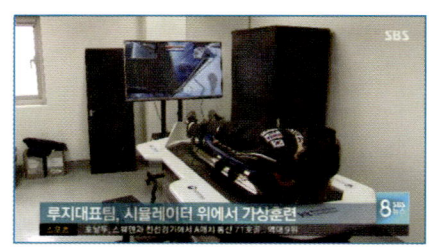

출처: http://news.sbs.co.kr/news/endPage.do?news_id=N1004119707&plink=ORI&cooper=NAVER

VR·AR 실감 콘텐츠로 배우는 생생한 체험 교육

호텔 방 안에서 막내아들과 어머니의 실랑이가 한창이다. 막내아들은 홍보 촬영을 와서도 공부를 해야 하느냐며 투덜거리고, 어머니는 에트리 시티에서 체험하는 동안 아들이 학업이 뒤처질까 봐 조금이라도 공부를 하는 것이 어떻겠냐며 당부를 하고 있는 것이다. 두 사람을 지켜보던 시장은 에트리 시티에 소재한 학교를 탐방해볼 것을 제안한다. 시장은 이곳의 모든 학교들은 '공부는 즐기는 것'이라는 모토로 실감 나게 체험하는 교육을 지향한다고 말한다. 그리고 학생뿐만 아니라 어른을 위한 흥미로운 교육 콘텐츠도 다양하므로 나머지 가족들에게도 VR·AR 교육을 체험해볼 것을 적극 권한다.

VR·AR로 놀면서 배우는 학교

시장의 안내를 따라 가족들은 에트리 시티의 한 학교에 도착했다. 겉보기에는 여느 학교와 다를 바 없이 평범해 보인다. 교실에 들어가기 전에 막내아들은 작은 박스 하나를 받았다. 주위를 둘러보니 모든 학생들의 책상 위에 마찬가지로 각자의 박스가 놓여 있다. 박스 안에는 VR 카드보드, 태블릿PC 등 가상현실 수업에 필요한 여러 도구들이 들어 있다.

"가상현실·증강현실은 현장에 직접 가지 않아도 현장학습을 할 수 있게 해줍니다."

시장의 설명이 이어진 후, 곧바로 가상현실·증강현실 수업이 시작된다. 첫 번째 수업은 세계사다. 막내아들은 박스 안의 가상현실 도구를 꺼내 세계 곳곳을 두루 살펴본다. 중국의 만리장성, 이탈리아의 폼페이 등 장소의 제약을 받지 않는 VR 세상에서 막내아들은 마치 세계 여행을 하는 기분을 느꼈다. 다음은 역사 수업이다. 학생들은 수업을 위해 VR 카드보드를 꺼내 준비한다. 카드보드를 눈에 대고 고개를 돌리니 고려 시대부터 조선 시대, 근현대까지 역사적 인물들이 학생들 옆을 돌아다닌다. 덕분에 막내아들은 시간 여행을 한 듯 역사를 생생하게 경험했다. 생물 시간에는 잠수부의 시선으로 해양 동물들을 살펴보았고, 지구과학 시간에는 우주비행사의 시선으로 행성을 바로 코앞에서 살펴보았다.

시장은 다음 수업 시간에는 AR 교구를 사용할 것이라고 막내아들에게 귀띔해준다. 막내아들은 옆의 학생을 따라 책상 가운데에 교과서를 펼치고, 책상 모서리에 설치된 화면을 보았다. 그러자 교과서 속 사진 위로 입체영상이 떠올랐다. 마치 책에서 사물이 튀어나온 듯하다. 다음 장을 넘기니 암탉 사진 위로 증강된 암탉의 3차원 입체영상이 떠올랐다. 그리고 부들부들 떨고 있는 암탉의 모습이 의아해서 카메라 각도를 이리저리 돌려보니 엉덩이 쪽에서 알이 막 나오고 있다. 암탉이 알을 낳는 모습이 신기해서 막내아들은 시선을 떼지 못한다.

같은 시각, 배우인 첫째 아들은 인근 대학교에 가서 의과대학 수업을 참관하기로 했다. 최근 캐스팅된 영화에서 검시관 배역을 맡아 이를 준비하기 위해서다. 기존 의과대학 수업이라면 인체 모형을 본뜬 마네킹이 있을 법한데 강의실에는 책상 말고는 특별히 눈에 띄는 것이 없다. 첫째 아들은 다른 학생들을 따라 책상 앞으로 다가갔다. 구글글라스 같은 특별한 안경을 쓰니 책상 위로 사람 인체에 대한 여러 장기들의 모습이 AR 영상으로 뜬다. 생생한 장기의 모습에 첫째 아들은 순간 깜짝 놀랐지만 이내 마음을 다잡고 배역을 위해 장기를 찬찬히 살펴본다. 장기 위로 명칭과 세부 정보가 제시되어 의학에 관해 문외한이어도 쉽게 이해할 수 있었다. 그는 의학 용어가 입에 자연스럽게 붙도록 소리 내어 연습했다.

다음은 수술 집도 과정을 훈련받을 차례다. 첫째 아들이 VR용 고글을 쓰자 외과의사가 장(臟) 수술을 집도하는 가상현실 영상이 360도로 생동감 있게 펼쳐진다. 보는 것뿐만 아니라 상호작용할 수 있는 VR용 메스로 영상 속 가상 환자의 피부를 조심스럽게 자르니 메스를 통해 미세한 진동까지 전해진다. 첫째 아들은 어려운 시도였지만 배우라는 직업정신으로 수술 시의 느낌을 손끝에 톡톡히 새기며 수술 집도 훈련을 충실히 받았다.

VR·AR로 움직이는 교실, 자유로운 학교

"가상현실·증강현실은 학교가 아닌 곳에서도 언제든 공부할 수 있게 해줍니다."

시장은 학교에서 돌아온 막내아들에게 호텔 방의 컴퓨터를 켜보라고 권한다. 시장의 말에 따라 막내아들이 영어 수업 콘텐츠를 실행하니, 화면에 미국의 지하철 배경이 뜨면서 연이어 막내아들의 모습이 합성된다. 가상현실 속 매표소에는 원어민 선생님도 합성되어 나타난다. 막내아들은 호기심에 이끌려 영상 속에서 원어민 선생님과 영어로 대화하며 표를 구매해보고, 여러 가지 다른 상황도 실행하여 영어 회화를 해본다.

VR 영어 수업으로 재미있게 공부한 막내아들은 다른 VR·AR 수업이 궁금해 교육 사이트를 둘러보다가 우연히 가상현실 토론장을 발견한다. 화면을 클릭하니 가상현실 무대에서 세계 각국의 학생들이 모여 토론 대회를 펼치고 있다. 흥미로운 광경에 막내아들도 직접 토론에 참여해본다. 학생들이 있는 장소는 각기 달라도 바로 옆에서 그들과 대화를 나누듯 토론에 몰입할 수 있었다. 이때 컴퓨터 앞에서 공부하고 있는 막내아들을 본 어머니는 언제 걱정했느냐는 듯이 뿌듯한 표정을 짓는다. 어느새 공부를 즐기고 있는 막내의 달라진 모습을 보고 어머니는 앞으로 VR·AR 교육에 더욱 관심을 가져야겠다고 생각한다.

VR·AR을 활용한 배움에 흠뻑 빠진 손자들과 달리 할아버지는 무료하게 시간을 보내고 있었다. 시장은 할아버지에게 그를 위한 VR·AR 교육 과정을 알려준다. 그리고 교육 받고 싶은 콘텐츠를 할아버지가 직접 선택할 수 있도록 다양한 VR 교육 콘텐츠를 보유한 웹사이트를 추천해준다.

"가상현실·증강현실은 보다 저렴하고 다양한 교육 콘텐츠로 배움의 접근성을 높여줍니다."

할아버지는 경비행기를 타고 혼자 여행을 떠나는 낭만을 늘 품고 있었기에 경비행기 VR 교육 과정을 선택했다. 그리고 좀 더 세부적으로 엔진이 고장 나면 스스로 고칠 수 있도록 엔진의 해부, 조립, 수리 교육 과정을 선택했다. 그는 실물을 보듯 가상현실로 엔진의 이곳저곳을 살펴보며 꼼꼼히 익혔다. 할아버지는 오래간만에 학생이 된 것 같은 기분을 느꼈다. 어느 정도 자신감이 생기자 그는 투자계의 큰손답게 경비행기를 과감하게 주문했다.

한편 가수인 어머니는 음악 수업을 VR·AR 콘텐츠로 만드는 과정을 촬영하기로 했다. 그녀는 옆에 증강현실로 떠오른 악보를 보며 노래를 불렀다. 그녀는 가상현실 속 음악 선생님으로 등장할 예정이어서 여러 버전으로 노래를 불렀다. 이 콘텐츠가 교육 사이트에 업데이트 된 후 폭발적인 관심을 받았다. 가상현실·증강현실 덕분에 콘서트를 방불케 하는 화려한 공연 영상을 볼 수 있는 것은 물론, 쉽게 만나기 힘든 유명 가수의 음악 수업을 저렴하게 배울 수 있어서 좋다는 글이 쇄도했다.

VR·AR로 실제처럼 배우는 안전 교육

다음 일정을 위해 시장은 가족들을 안전 교육 현장으로 안내했다. 가족들은 호텔 로비에 준비된 촬영장으로 모였다. 시장은 화재 대비 훈련 모습을 촬영할 것이라고 설명한다. 가족들이 VR 기기를 쓰자 화면에서 가상의 불이 일어난다. 실감 나는 화재 상황에 가족들 모두 놀란 표정이다. 비상구 표시를 보고 따라 나가다가 화면에서 소화기를 찾으라는 안내가 나온다. 이를 따라 아버지는 VR용 소화기를 들었다. 소화기의 각 기능이 화면에 제시되어 아버지는 금세 소화기 작동 방법을 배우고 안내에 따라 불을 향해 손잡이를 꽉 움켜쥐고 분사했다. 실제로는 소화기가 분사되지 않지만 화면에서는 불이 꺼졌다. 할아버지는 소방 호스 컨트롤러를 조작해 호스의 방향을 맞춰 물을 쏘는 모습을 촬영했다. 가상현실 화면에서 불을 진압할 지점이 화면에 표시되어 호스를 어느 방향으로 조준할지 파악하기가 쉬웠다.

시장은 가족들에게 다음에는 지진 발생을 대비하는 안전 교육을 받는다고 안내했다. 이번 지진 대비 훈련은 따로 VR 기기를 머리에 쓰지 않아도 되었다. 대신에 커다란 화면에 가족들의 모습은 물론 주변 풍경과 집 안의 모습이 나타난다. 어머니는 침착하게 화면 속으로 손을 뻗어 가스밸브를 잠근다. 상호작용이 되어 화면 속 가스밸브가 그녀의 손짓에 따라 움직였다. 그런데 갑자기 천장에 매달린 전등과 높은 선반에 있는 물건들이 떨어지는 모습이 화면에 나타난다. 놀란 어머니는 탁자 밑으로 얼른 아이들을 이끌고 몸을 숙인다. 따라 들어온 아버지는 실제가 아니라며 아내를 진정시켰다.

마치 액션 영화 같은 VR 안전 교육 촬영을 마친 가족들은 매뉴얼을 읽는 것보다 VR·AR로 체험하는 안전 교육이 재난에 대해 현장감 있게 준비할 수 있고 이해하기도 쉬웠다고 인터뷰에서 말했다. 시장은 흐뭇한 표정을 지으며 이렇게 말한다.

"가상현실·증강현실은 재현하기 힘든 재난·재해 상황을 실제로 사건이 일어난 것처럼 생생하게 표현할 수 있습니다."

가족들은 오늘 배운 안전 교육에 관한 지식과 경험을 잊지 않고 실생활에 활용할 수 있도록 VR·AR 교육 관련 웹페이지에 접속해서 관련 영상과 정보를 확인하기로 했다.

실제 국내외 VR·AR 교육 사례

VR 교육, 내가 주인공이 되는 가상 체험형 학습 시스템

구글이 출시한 가상현실 교육 프로그램인 '익스페디션 파이오니어 프로그램(Expeditions Pioneer Program)'으로 미국과 호주 등지에서 수백만 명이 넘는 아이들이 VR 교육을 경험하고 있다. 구글은 이 프로그램을 사용할 수 있도록 자사의 익스페디션 키트(교사용 태블릿PC, 스마트폰, 구글 카드보드 뷰어 또는 마텔Mattel의 뷰마스터, 라우터)까지 학교에 무료로 배포했다. 아울러 화성과 만리장성 등 100개가 넘는 역사적인 장소에 관한 콘텐츠를 제공했다. 이를 통해 학생들은 가상으로 전 세계를 여행하며 생동감 넘치는 역사 및 지리 수업을 체험할 수 있게 되었다. 지루하고 일방적인 교과서 위주의 학습이 아니라, 학생들이 실제 공간에 간 듯 직접 이동하며 탐험가처럼 흥미를 느낄 수 있는 학교 교육이 가능해진 것이다. 일본의 N고등학교(N高等学校)는 가상현실을 이용해 학교 수업뿐만 아니라 입학식 행사도 할 수 있다는 것을 보여주었다. 2016년 4월 N고등학교는 오키나와에 있는 메인 캠퍼스에서 VR 기술을 이용해 입학식을 진행했다. 오키나와가 아닌 도쿄나 타 지역에 거주하는 학생들은 VR 헤드셋 장비를 착용하고 라이브 스크린을 통해

미국 베일리(Bailey)초등학교의 학생들과 선생님이 구글 익스페디션 파이오니어 프로그램을 이용해 수업을 진행하는 모습

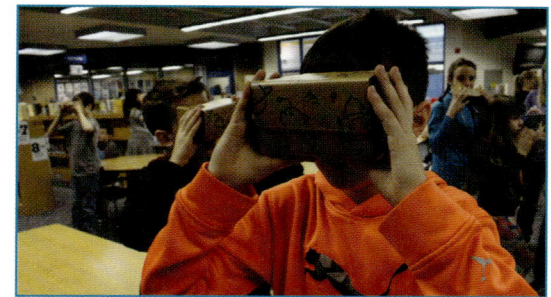

출처 : http://www.sowashco.org/news/google-expeditions-pioneer-program-comes-bailey-elementary-school

VR을 이용한
일본 N고등학교
입학식 모습

출처 : 일본 N고등학교, https://nnn.ed.jp/

VR을 이용한
가상 해부학 시뮬레이션에
참여 중인 학생

출처 : 이온리얼리티, https://www.eonreality.com/solutions/augmented-virtual-reality-education/

가상으로 입학식에 참석했다. 2017년 4월에는 도쿄 롯폰기 행사장에서 가상 입학식을 열어 추첨으로 선발된 60명의 학생들이 VR 헤드셋 장비를 착용한 뒤 오키나와 본교와 연결된 행사장에서 보내주는 생방송을 보며 입학식에 참여했다.

N고등학교에서는 모든 수업이 인터넷으로 실시간 강의가 이루어진다. 수업뿐만 아니라 클럽 활동까지 가상현실 속에서 이루어진다. 오키나와에 있는 학교 특성상 먼 거리에 있는 학생들은 도쿄와 오사카에 있는 교육장을 선택해 등교할 수 있다. 학생들의 실제 등교일은 1년 중 5일 정도다. 이런 독특한 교육 방식은 일본의 오래된 교육 시스템과 이지메 등의 문제를 개선하자는 취지에서 비롯되었다. 일본 언론들은 이런 VR 교육 방식이 등교 거부를 하거나 학교생활에 문제가 있는 학생들에게 대안이 될 수 있을 것으로 기

대하고 있다. 또한 VR 교육은 몸이 불편하거나 형편상 멀리 이동할 수 없는 사람들에게 가상현실로서 교육 환경을 제공하여 편리하게 공부할 수 있도록 하는 장점이 있다.

중국의 넷드래곤 웹소프트(NetDragon Websoft) 사는 학교에 VR 헤드셋 장비 등을 제공해 교사들이 현장에서 VR 장비를 활용한 수업 진행을 시험할 수 있도록 하고 있다. 학교 수업에서 기록된 VR 활용 자료는 넷드래곤 웹소프트 본사의 서버에 계속적으로 저장되어 수백만 명에 이르는 학생들의 수업 이력을 바탕으로 방대한 데이터가 축적되고 있다. 이러한 과정으로 입력된 자료를 통해 넷드래곤 웹소프트는 최적의 VR 학습 진행 패턴을 완성하고 있다. 미국 캘리포니아 어바인에 본사를 둔 이온리얼리티(Eon Reality)는 가상현실 기술과 교육 훈련 내용을 접목시킨 서비스를 제공하고 있다. '이온 크리에이터'라는 가상 콘텐츠 저작도구를 이용하여 학습자는 온라인 또는 오프라인에 있는 콘텐츠 저장 공간에서 필요로 하는 자료들을 선택한 후 가상공간에 그 자료들을 배치하여 본인들이 학습할 주제에 맞는 가상 콘텐츠를 제작할 수 있도록 하고 있다. 이 기술을 통해 학생들은 평소 어렵다고 생각하는 해부학 생물 수업 시간에 높은 몰입도로 실사에 가까운 생물의 몸이나 가상 인체를 구석구석 살피고 체험할 수 있게 되었다. 아울러 이런 가상 체험 학습 방식을 통해 평소 수업 시간보다 좀 더 빠르게 습득하면서도 잘 기억하게 되어 학습 효과를 높일 수 있을 것으로 보인다.

1장에서 살펴봤듯이 실제와 유사한 가상 환경을 제공하는 가상현실에 사람의 실사 영상이 함께 나타나는 환경이나 기술을 '혼합현실(MR)'이라고 한다. 혼합현실을 교육에 활용하면 기존의 학습 방법과 비교해 더 재미있게 직접 체험하며 공부할 수 있으며 학습자들의 높은 몰입도를 끌어낼 수 있다.

ETRI에서 개발한 '가상 체험형 학습 시스템'은 사용자가 이런 혼합현실을 체험할 수 있게 해주는 프로그램이다. 이를 위해서는 카메라 장비로부터 사용자 영상을 추출하고, 추출된 사용자 영상을 가상공간에 합성하는 기술과, 사용자의 동작을 인식해 가상현실을 체험하는 기술 등 다양한 요소 기술이 필요하다. ETRI는 여러 사용자의 영상을 동시에 추출하고, 상호작용할 수 있는 기능을 개발하기도 했다. 또한 ETRI는 가상 체험 교육 콘텐츠를 빠르게 제작할 수 있는 저작도구를 개발해 보다 다양한 분야에 가상 체험 콘텐츠가 적용될 수 있도록 노력하고 있다.

ETRI의 가상 체험형 학습 시스템 구현을 위한 주요 핵심 기술들은 사용자가 가상 화면의 미국 지역에서 영어를 배우는 '영어 가상 체험 서비스'에 처음으로 적용되었다. 아래 그림과 같이 가상의 보스턴 지하철역에 체험자가 나타나 매표소에 있는 원어민 선생님과 영어로 대화하며 표를 구입하고, 목적지로 가기 위해 사용할 수 있는 다양한 상황별 영어 표현을 연습할 수 있다. 이 서비스는 원어민 선생님이 없는 학교일지라도 학생이 원격지의 원어민 교사

상황별 영어 회화를 위해 보스턴 지하철역을 컴퓨터그래픽으로 재현한 ETRI의 영어 가상 체험 학습 시스템

 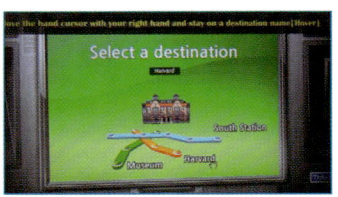

출처 : ETRI

와 가상현실에서 만나 영어로 대화를 나눌 수 있다.

또한 ETRI의 다양한 가상현실 요소 기술들은 동화 속 세상으로 꾸며진 가상공간에 체험자가 주인공이 되어 나타나고, 동화 속 세상을 체험할 수 있는 '가상 체험형 동화마을 서비스'에 적용되었다. 이는 2009년부터 현재까지 전국 33개 국공립 도서관에 설치되어 활발히 운영 중이다. 가상 체험형 동화마을 서비스는 아이들이 《아기돼지 삼형제》, 《혹부리 영감》과 같은 동화 속 주인공이 되어 재미있게 동화를 체험하면서 도서관을 친숙하게 느끼고 그런 과정을 통해 아이들이 책에 흥미를 가질 수 있도록 유도한다.

이러한 가상현실 기반의 체험형 학습 시스템을 구현하기 위해서는 체험 중심의 2D 및 3D 교육 콘텐츠 제작과 함께 가상 영상 객체와 실제 영상 객체 간의 인터랙션 제어에 관한 기술 개발이 필요하다. 즉 3차원 가상 체험의 효과를 증대시키기 위해 서비스 사용자의 정확한 영상 및 음성 객체 추출, 가상공간의 대상 객체 선택 및 제스처 인식 등의 기술이 필요하다. 일반적으로 사용자의 전신 영상이 실시간으로 추출되어 가상 콘텐츠에 합성되고, 사용자의 움직임에 따른 제스처 및 사용자의 음성을 인식하여 가상 콘텐츠와 사용자 간의 상호작용 이벤트 처리가 이루어진다.

스페인 토마토 축제를 가상으로 체험하는 모습

출처 : ETRI

위 그림과 같이 스페인 토마토 축제를 가상으로 체험하는 시스템에서 사용자는 자신을 바라보는 카메라 장비로부터 자신의 영상이 추출되고, 추출된 자신의 현재 모습이 미리 만들어진 가상의 콘텐츠 배경(토마토 축제 모습)에 합성된다. 사용자가 가상의 객체(토마토)에 손을 뻗어 터치하고 앞쪽 방향으로 던지는 행위를 수행하면, 가상의 객체가 앞으로 던져지면서 화면 속 가상 배경에 있는 목표물과 충돌 처리가 이루어진다. 이때 사용자의 던지는 행위를 인식하기 위해서는 제스처 인식 기술이 필요하고, 화면 속 가상 배경에 있는 목표물과 사용자 간의 행위에 따른 충돌 등에는 상호작용 이벤트 처리 기술이 요구된다.

가상현실 기술은 안전 교육에도 사용될 수 있다. 크고 작은 재난·재해 사고와 인재(人災)에 의한 사고 등으로 발생하는 인명 피해와 재산 피해를 막기 위해서 안전 교육은 선택이 아닌 필수다. 작업장에서 일하는 근로자와 학생, 선생님 등을 대상으로 틀에 박힌 교육 방식을 벗어나 'VR 기술을 활용한 가상 체험형 안전 교육 콘텐츠 및 서비스'를 교육 현장에 도입하면 학생들의 참여도와 이해도가 훨씬 높아질 수 있다. 실감 나는 VR 영상을 통해 흥미를 끌면서 안전에 관한 기초 의식도 쉽게 심어줄 수 있는 것이다. 일례로 대한안전교육협회에서는 VR 장비를 착용하고 학생들이 직접 지진 상황을 체험해보는 'VR 가상 체험 안전 교육'을 선보이고 있다.

VR로 제작된 가상 지진 영상

출처 : 대한안전교육협회

AR 교육, 현실로 캐릭터가 튀어나오는 증강현실 학습 시스템

가상 세계가 아니라 현실 세계를 배경으로 캐릭터가 합성되는 실감 영상 기술인 '증강현실(AR)'은 실제 환경에 가상의 사물이나 정보를 합성하여 원래의 환경에 존재하는 사물처럼 보이도록 하는 기술이다. 증강현실은 가상의 3차원 캐릭터가 실제로 나타난 것과 같은 환상적인 느낌을 갖게 하고, 자연스럽게 실제 환경에 합성된 유용한 정보를 통해 실생활을 편리하게 만들어주기도 한다. 많은 사람들이 가상현실과 증강현실을 혼동하지만 엄연히 서로 다른 기술이다. 가상현실은 배경과 대상 모두 가상인 반면에, 증강현실은 주변 현실에 가상 콘텐츠가 덧입혀지기 때문에 현실감이 더 뛰어나다.

증강현실 기술은 게임, 광고, 스포츠, 방송 등 다양한 분야에서 널리 활용되고 있지만, 가장 대표적인 분야는 '이러닝(e-Learning)'이라고 할 수 있다. ETRI는 증강현실 교육 서비스인 '실감형 학습 시스템'을 통해 공교육의 미래를 제시한 바 있다. 이 시스템에서 학생들은 교과서를 카메라로 비추면 책 속의 동물 사진이 입체적인 3차원 화면으로 변해 여러 각도에서 관찰되고, 다양한 상호작용을 통해 실감 나는 학습이 가능하다.

생생한 캐릭터의 모습을
실제와 같이 보여주는
증강현실 교과서

출처 : ETRI

하지만 평면으로 보는 2D 사진이 3D로 입체감을 지녔다 해도 움직이지 않는 캐릭터는 흥미가 다소 떨어질 수 있기 때문에, ETRI는 양방향 체험이 가능한 '공간 증강 인터랙티브 기술'을 개발했다. 이 기술을 통해 기존의 증강현실 콘텐츠가 정적인 상태를 탈피해 움직일 수 있게 되었다. 공간 증강 인터랙티브 기술은 실제 공간을 인식하여 사용자가 증강된 캐릭터를 만지면 실시간으로 반응한다. 공간 증강 인터랙티브 기술은 기존의 책으로 보는 증강현실 기술과는 달리 공간상으로 증강현실 기술을 확대했다.

공간 증강 인터랙티브 기술 예.
실제 공간을 인식해서 탁자에 펭귄들이 올라가고, 사람이 움직일 때마다 물이 출렁거리며, 사람이 물고기들에게 가까이 다가가면 도망가는 모습

출처 : ETRI

이러한 증강현실 기술의 발달과 게임 엔진의 최적화로 인해 실감 나는 가상 객체를 표현할 수 있게 되어 다방면에 걸쳐 실감 영상으로 체험하는 교육을 확대할 수 있는 계기를 마련했다. 예를 들어 재해·재난 시에 대피 요령과 같은 안전 교육의 경우, 공간 내에 가상의 재해 환경을 구성하여 체험하면서 대피 요령을 습득할 수 있다. 백문이 불여일견이라 하지만 재해 상황은 직접 경험하면서 대비할 수 없는 법이다. 증강현실 기술을 이용하면 사고 위험 없이 실제 현장에서 체험하듯 안전 교육을 받을 수 있다.

산업 현장에서 안전하고 편리하게
배울 수 있는 VR·AR 훈련

회의실 안 조용한 분위기 속에서 할아버지와 시장이 독대 중이다. 다양한 가상현실·증강현실 체험을 통해 보았던 낙천적이고 웃음이 많은 할아버지의 모습과는 사뭇 다르다. 그 어느 때보다 신중하고 냉철한 태도로 시장과 이야기를 나누고 있다. 자동차, 항공기, 선박 등 거대 규모의 공장을 보유한 할아버지는 시대의 변화에 따라 공장의 최적화를 고민 중이다. 그래서 투자자의 입장으로 에트리 시티에 방문해 산업 영역에 대한 가상현실·증강현실 기술의 활용 방안을 모색하고 있었다.

차분히 할아버지의 고민을 듣던 시장은 제조업에 적용된 가상현실·증강현실 기술을 보여주겠다며 탐방을 위해 에트리 시티의 공장 단지로 할아버지를 데려갔다.

만들기 전에
만드는 공장

차에서 내린 할아버지는 기대 반 걱정 반의 심정으로 공장 단지로 들어선다. 눈앞에 여느 생산 공장과 다름없는 한 자동차 회사의 드넓은 공장 부지가 펼쳐진다. 이때 한쪽에 설치된 커다란 스크린에 할아버지의 시선이 멈춘다. 스크린에는 공장 내부의 모습을 본 딴 가상현실 화면이 나오고 있다. 이 회사는 새로운 모델의 자동차를 개발 중인데, 이에 맞춰 첨단 로봇 도입 등 장비가 바뀌게 되어 장비의 배치와 작업자의 동선 역시 바뀌어야 하는 상황이었다. 공장 내부 환경이 어떻게 바뀔지 가상현실 기술로 미리 시뮬레이션 된 여러 모습이 스크린을 통해 구현되고 있었다. 할아버지는 가상현실로 시뮬레이션을 해보면 다각도로 상황을 예측해보는 데 도움이 될 수 있겠다고 생각했다.

시장은 AR 글라스를 할아버지에게 건네며 이번에는 직접 공장 안을 둘러보자고 제안했다. 할아버지가 공장 내부를 살피며 돌아다니는데 팝업처럼 AR 글라스에 생산 장비의 이미지가 떠오른다. 시장은 해당 공간에 들어설 생산 장비의 모습과 위치를 AR 화면으로 볼 수 있다고 설명한다. 실제 공간에 가상의 장비가 덧입혀져 보이는 AR 기술이다.

"집에 새 가구를 들여놓을 때 가구 배치를 VR·AR로 미리 해보면 잘못 배치하는 실수를 줄일 수 있어 도움이 됩니다. 공장에서도 미리보기 서비스는 매우 유용하죠. 무거운 장비를 일단 들여놓은 후 맞춰 보는 것보다 VR·AR 영상을 보고 배치를 예측하면 시간과 실수를 줄일 수 있어 효율적입니다."

그다음에 탐방할 곳으로 시장은 할아버지를 디자인실로 안내했다. 그런데 이곳에는 으레 보여야 할 자동차의 프로토타입은 없고 화면만 설치되어 있다. 시장은 VR 영상으로 제작된 자동차의 가상 프로토타입을 볼 것이라고 설명한다. 통상적으로 자동차의 새로운 디자인을 보여줄 때는 스케치를 한 후 석고나 플라스틱 재료로 만든다. 하지만 이 방법은 비용과 시간이 많이 소요되는 단점이 있다. 반면에 가상 프로토타입의 경우는 입체영상처럼 볼 수 있을 뿐만 아니라 색도 마음대로 넣었다가 빼보고, 오류가 발견되었을 때는 쉽게 수정도 가능하다.

무엇보다 할아버지의 관심을 끈 것은 사람들의 작업 방식이었다. 안전연구원, 디자이너, 제작 전문가, 경영진 등이 함께 자동차 프로토타입 VR 영상을 보면서 활발히 소통하고 있었다.

또한 가상현실 기술로 인해 자동차 품평도 보다 쉬워졌다. 새 자동차를 시험 운전해보라며 시장은 할아버지를 자동차의 운전석과 운전대가 놓인 돔 형태의 쇼룸으로 안내했다. 반구형의 디스플레이에는 전방, 옆면, 후방의 시야가 다 트여 있어 실제 자동차에 탑승한 느낌이 들었다.

시험 운전을 마친 후, 할아버지는 새 자동차를 만들기 위해 거쳐야 할 부서들과 작업 과정을 어떤 부분에서 얼마나 줄일 수 있을지 머릿속으로 계산해보았다.

배우기 전에 배우는 직무 훈련

그 시각 배우인 첫째 아들은 가상현실·증강현실 도구로 직무 훈련을 받는 피훈련자 역할로 촬영을 하고 있었다. 실제 신입사원들도 함께 촬영해 훈련장의 분위기가 열의에 넘쳤다.

첫 번째 직무 훈련은 선체의 부식을 막기 위해 페인트칠을 하는 '선박 도장 훈련 시뮬레이터'에서 이루어졌다. 피훈련자가 진짜 스프레이가 아닌 가상현실용 스프레이를 뿌리면 색이 입혀지는 모습이 화면에 나타난다. 페인트 재료마다 스프레이 분사 방식이나 양이 다른데 이 정보도 가상현실 화면에 함께 제시되었다. 또한 피훈련자가 뿌린 페인트 양의 두께를 측정해 피드백을 줄 수도 있었다. 재교육을 받으러 온 훈련생은 유독한 페인트로 훈련하지 않아서 매우 좋다는 반응을 보였다.

다음 직무 훈련은 'VR 기반의 기중기 훈련 시스템'에서 기중기를 조종해보는 것이다. 첫째 아들이 기중기 좌석처럼 생긴 특수한 의자에 앉으니 전면의 모니터에서 가상현실 영상이 펼쳐진다. 첫째 아들이 조이스틱을 조작해 기중기를 움직이는데 조작 미숙으로 장애물과 부딪혀 요란한 소리가 발생한다. 수억 원대인 기중기 가격을 고려했을 때, 실제 장비가 고장이 났으면 어땠을지 생각하고는 그는 가슴을 쓸어내렸다.

"가상현실·증강현실은 직원의 직무 훈련 시 발생하는 위험과 비용을 줄일 수 있습니다."

멀리서 이 모습을 지켜본 할아버지에게 시장은 가상현실·증강현실을 이용한 직무 훈련의 장점을 말해주었다. 또한 유지·보수 단계에서도 적용할 수 있는 유용한 VR·AR 기술을 보여주겠다며 시장은 할아버지를 공장 안으로 다시 안내했다.

문제가 발생하기 전에 방지하는 AR 시스템

"재난 영화 속 장면들 기억나십니까? 영화 〈터널〉에서는 주인공을 구조하려고 등장인물들이 설계도를 찾느라 애를 먹었고, 심지어 정확하지 않은 설계도로 구조의 골든타임을 놓쳤습니다. 원전 폭발을 다룬 영화 〈판도라〉에서는 문제를 해결할 장소의 위치를 애써 찾고도 기계 앞에서 직원들이 헤매다 시간을 놓쳐 폭발했죠. 이런 경우 증강현실 데이터는 문제를 신속히 해결해줄 수 있습니다."

시장의 설명을 들으며 공장 내부로 가까이 다가가자 할아버지가 쓴 글라스에서 즉각적으로 AR 영상의 설계도가 떠오른다. 기계를 열지 않았는데도 어느 지점에 문제가 생겼는지 증강현실 화면에 위치가 표시된다. 덕분에 시간 지연 없이 작업자가 바로 문제점을 찾아낼 수 있었다.

뒤이어 시장은 증강현실 정비 가이드 시스템을 설명한다. 두꺼운 도서로 된 정비 매뉴얼을 따로 챙기지 않아도 증강현실 화면에 데이터가 나타나 작업자들이 편하게 내용을 볼 수 있다고 한다. 가상현실·증강현실을 적용한 정비 시스템을 체험한 할아버지는 손이 자유롭고, 작업복을 벗지 않아도 되는 편리함을 공감할 수 있었다. 에트리 시티의 공장 단지에서 탐방을 마친 할아버지는 산업 분야의 가상현실·증강현실 기술에 대한 투자를 하기로 결심했다.

실제 국내외 VR·AR 산업 적용 사례

제품 및 공장 디자인 단계에서의 VR·AR 서비스

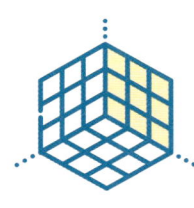

가상현실·증강현실 기술을 산업에 적용하면 실물을 제작하지 않고도 사전에 제품 및 생산 공장을 미리 제작해볼 수 있다. 디자인·설계는 제품을 생산하기 전에 소비자가 선호하는 제품의 형상을 제시하고, 제품 생산에 대한 문제를 사전에 검증해보기 위한 단계다. 최근에는 제품뿐만 아니라 수시로 구성 요소가 바뀌는 공장에 대한 디자인·설계에도 VR·AR 기술을 이용한 서비스가 실현되고 있다.

기존에는 신규로 출시할 제품에 대한 디자인·설계 과정에서 진흙 및 플라스틱 재료를 이용한 목업(mockup)을 활용했지만, 이 방법은 기간과 제조비용이 많이 소요될 뿐만 아니라 재료를 재사용할 수 없는 단점이 있었다. 제품의 디자인·설계 단계에서 컴퓨터로 제작된 VR·AR 기술을 적용한다면 실물을 제작하지 않고도 쉽게 수정이 가능한 형태로 사전에 검토할 수 있을 것이다.

예를 들어 독일, 일본 등 글로벌 자동차 회사에서는 자동차를 생산하기 전에 디지털 VR 데이터로 제작하여 신차에 대한 디자인을 미리 살펴보고, 사용상의 문제점(핸들 조작 편의성 등)을 미리 찾아 즉각적인 수정이 가능한 시스템을 도입하고 있다.

이러한 제품 생산 공정의 디자인·설계 과정에서 발생한 3차원 디지털 데이터를 몰입형 디스플레이 플랫폼에 가시화하는 'VR 기반 디자인 품평 기술'은 사용자의 시각 영역을 완전히 덮어 몰입감을 극대화하는 장치를 통해 구성할 수 있다. 다시 말해 영상 프로젝터를 사용하여 대형 디스플레이를 구성하는 방법은 한 대의 프로젝터로 표현할 수 있는 영상 해상도의 한계를 극복하기 위해 화면을 동

VR 기반의 자동차 디자인
품평 시스템

VR 기반의 자동차 핸들 조작
사용성 평가 시스템

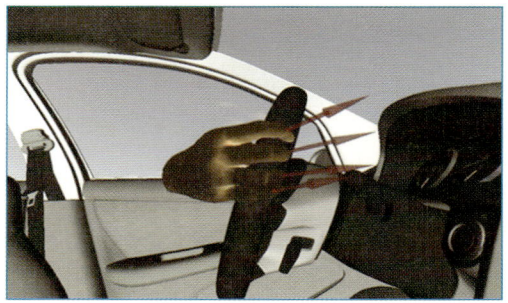

다중 프로젝션 기반
초고해상도 영상 제시 시스템

출처 : ETRI

113

일한 형태 및 크기의 격자로 분할하고, 프로젝터들이 각각 하나의 격자 영역의 영상을 투영하도록 하는 방법이 널리 적용되고 있다. 앞의 그림은 다수의 프로젝터를 연결하여 초고해상도 영상을 투영하는 결과를 보여주고 있다(113페이지 상단 그림 참조). 이러한 시스템을 이용하여 디자인 품평을 한다면 실물을 보는 것과 같은 효과를 디지털 영상으로 구현할 수 있다.

VR 기술을 적용한 산업 시스템의 경우 최근 생산 공정에서 이미 도입되고 있다. 공장을 구성하기 전에 공장 프로세스에 대한 테스트를 VR을 이용한 사전 시뮬레이션을 통해 진행하고 있다. 예를 들어 프랑스의 3D 설계 전문 기업 다쏘시스템(Dassault Systems) 사의 '델미아(DELMIA)'는 생산 공정에 대한 자원을 통합적으로 관리하고 디지털로 구축된 공정을 계획할 수 있는 가상 디지털 생산 환경을 제공하는 솔루션으로, 제품의 양산 과정을 시뮬레이션 하여 최적의 생산 프로세싱을 구축하는 데 도움을 주고 있다.

좀 더 최근에는 AR 기술을 산업 시스템에 적용하여 실제 환경에서 동작하는 시뮬레이션 기술 개발이 활발히 진행되고 있다. 예를 들어 기존 공장은 물리적 공간의 규모나 구조를 고려하여 신규 생산 설비를 배치할 필요가 있는데, 구축하려는 생산 설비를 AR 환경에서 보여주면 물리적 공간의 상황을 고려하여 생산 공정이 문제점이 없는지 사전에 검토하는 것이 가능할 것이다.

VR·AR 기반의 생산 공정 시뮬레이션 영상

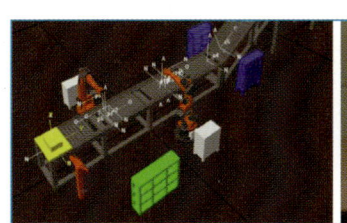

출처 : ETRI

VR·AR 기반 생산 훈련 시스템

가상현실·증강현실 기술을 산업에 적용하면 안전하게 신입사원을 훈련하고, 기존 직원을 다양한 상황을 바탕으로 재교육할 수 있다. 가상현실은 현실의 상황과 동일하거나, 나아가 실제 세계에서는 물리적으로 불가능한 가상의 시나리오를 사용자가 체험하도록 한다. 이러한 체험적인 특징을 바탕으로 가상현실 기술은 국방, 의료, 산업 현장에 대한 교육 및 훈련에 활발히 이용되고 있다.

기존 산업의 제조 과정에서는 신규 인력에 대한 훈련과 숙련된 작업자의 능력을 더욱 향상시키기 위한 교육 과정이 열악한 작업 환경에서 반복된 실습을 통해 이루어졌다. 이 같은 위험한 상황에서의 훈련 방식으로 인해 지속적인 훈련 과정을 수행하는 데 어려움이 따르고, 반복적인 훈련을 위한 재료의 낭비 등에 관한 문제점도 제기되어왔다.

이러한 문제를 극복하기 위한 VR·AR 기반 훈련은 실제 작업과 유사한 현장 작업 상황을 언제 어디서든 구현할 수 있고, 실습을 지속적으로 수행하는 것이 가능하며, 비싼 재료를 낭비하지 않고 디지털로 제작된 재료를 무한 반복으로 재사용하며 훈련하는 것이 가능하다.

VR·AR 기술은 실제 현장 상황이 가진 위험 요소와 경제적 요인 등의 난점으로 인해 실습이 어려운 제조 현장의 작업 과정을 직접 체험할 수 있도록 하는 데 기여하고 있다. 즉 훈련 과정 중에 발생할 우려가 있는 안전사고를 미리 예방하고, 쾌적한 실습 환경하에서 짧은 시간 내에 숙련된 기술을 습득할 수 있게 해준다. 실제로 이런 VR·AR 훈련은 현업의 원활한 전문 인력 투입에 도움이 되고 있는 것으로 나타났다.

산업 분야에 적용되고 있는 국외의 VR·AR 기술을 살펴보면 가상현실 기반 자동차 정비 훈련, 항공기 및 열차 등의 운전 시뮬레이터와 같이 활발한 서비스가 제공되고 있다. 대표적인 예로 전투기를 생산하는 회사에서는 파일럿을 훈련하기 위해 항공기와 동일한 형상의 조종석을 구현하여, 조종석의 장비 기능을 습득하고 비행 경험을 제공하는 비행 훈련 시뮬레이터 시스템을 상용화했다. 또한 노르웨이 에너지기술연구소(Institute for Energy Technology, Norway)에서는 원자력발전소의 전문가들을 대상으로 한 훈련에 사용하기 위해 방사선 수치가 높은 구역의 관리 위험을 최소화하는 훈련에 VR·AR 기술을 활용하고 있다. 호주의 Coal Services Pty에서는 몰입형 디스플레이 공간에서 광산 내 다양한 상황을 재현하여 위험 상황에 대한 광부들의 대처 능력을 향상시키는 시뮬레이터를 상용화하여 출시했다.

산업 분야에 적용되고 있는 국내의 VR·AR 기술을 살펴보면 제조업의 생산 공정에서 도장, 용접, 기중기 등의 훈련을 하는 데 이 같은 기술이 적용되고 있다.

예를 들어 기존 선박 제조 과정에서 페인트칠하는 도장 작업을 훈련하기 위해서는 철판에 페인트를 균등하게 칠하고, 페인트가 마를 때까지 기다렸다가 벗겨내고 다시 칠하는 과정을 반복했었다. 이 과정에서 한 번의 페인트칠하는 훈련을 하기 위해 오랜 기간 동안의 준비 과정을 필요로 한다. 이러한 기존 훈련 과정을 VR을 이용하여 구성한다면 페인트칠 훈련 작업을 언제 어디서든 반복적으로 수행할 수 있을 것이다. 아래 사진은 선박 제조 과정에서의 VR 기반의 도장 훈련 시뮬레이터에서 페인트칠하는 과정을 보여 주고 있다.

VR 기반의 선박 도장 훈련 시뮬레이터

출처 : ETRI

또 다른 예로 ETRI는 조선업 및 중공업 분야에서 필수적인 용접 작업을 가상 시뮬레이션 공간에서 효율적으로 훈련할 수 있는 용접 시뮬레이터를 개발했다. 아래 그림은 VR 기반의 용접 훈련 시스템과 다양한 자세에서 용접 훈련을 수행할 수 있는 사례를 제시하고 있다. 이 용접 훈련 시스템은 실제 용접 작업 현장과 동일한 작업 도구를 제공하기 위해 실제 용접 토치를 개조하여 사용하고, 용접 작업 시 발생하는 진동과 소음, 접합 형상, 연기 등을 고품질 시각 정보로 제공하여 사실성을 높였다. 용접을 마친 후에는 용접 훈련 평가 및 최적 작업을 재생하고, 실제 훈련자의 자세를 분석 데이터와 함께 제공하여 훈련에 대한 향상된 결과를 직관적으로 제공하도록 했다.

VR 기반의 용접 훈련 시스템

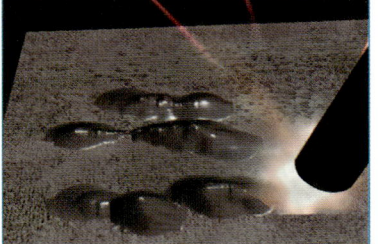

출처 : ETRI

또한 최근에는 항만 물류, 건설, 제철 등 기간산업 공정에서 생산 현장의 무거운 설비 및 재료를 운반하기 위해 사용하는 기중기를 조종 훈련할 수 있는 VR 기반의 시스템이 개발되어 상품화가 진행되었다. 이 기중기 조종 훈련 시스템은 생산 현장에서 발생할 수 있는 다양한 상황을 제시하여 신규 인력과 숙련된 인력을 훈련할 수 있는 시뮬레이터로 활용되고 있다. 아래 그림은 VR 기반으로 기중기를 조종 훈련하는 영상과 기중기 훈련 시스템에서 사용자에게 제공되는 가이드 정보를 보여주고 있다.

VR 기반의 기중기 조종 훈련 시스템

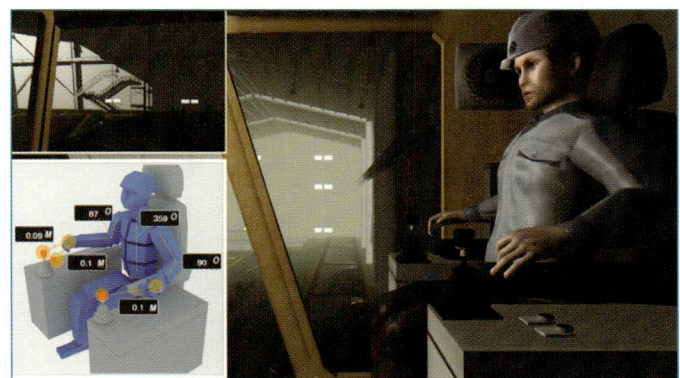

출처 : ETRI

생산 설비 유지·보수를 위한 AR 서비스

가상현실·증강현실 기술을 산업에 적용하면 제조 공장에서 더 이상 방대한 설계도를 들고 다닐 필요가 없다. 기존 공장에 설비가 고장 나면 먼저 해당 설비에 대한 설계도를 찾는 일에서부터 시작된다. 통상 해당 설비를 고치기 위해서는 작업자가 장갑을 착용한 상태로 설계도를 살펴보고, 동시에 수리를 위한 장비도 들어야 한다. 따라서 생산 현장에서는 작업 매뉴얼을 손에 들고 수리 작업을 해야 하는 현장 작업에서의 애로 사항에 대한 요구가 지속적으로 제기되어 왔고, 설계도를 빠르게 검색하거나 직관적으로 보고 안전사고가 발생할 위험을 방지하는 기술에 대한 요구도 제기되어 왔다. 다시 말해 생산 현장에서 설비가 고장 났을 경우 효율적인 유지·보수 작업을 지원하고, 안전사고 발생률을 감소시킬 수 있는 작업 정보 가이드가 필요한 실정이다.

증강현실 정비 가이드
시스템 예시

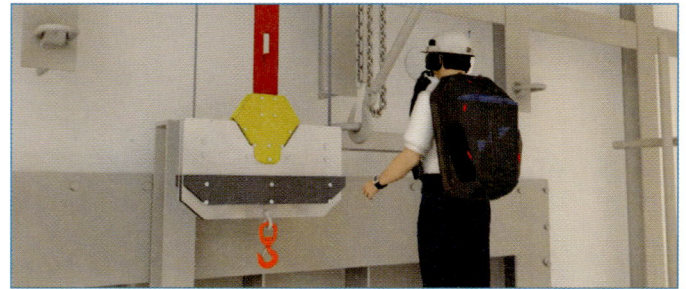

출처 : ETRI

증강현실을 이용한 정비는 수리할 작업자가 간단한 형태의 안경만을 착용한 상태로 설비의 설계 데이터를 즉각 탐색할 수 있고, 수리 방법에 대한 영상도 절차대로 볼 수 있을 뿐만 아니라 손이 자유로워져 설비를 고치는 데에만 집중할 수 있게 된다. 위의 그림은 AR 기반의 가상 정비 가이드 시스템의 영상과, 설계도면에 관한 정보 가시화 결과를 보여준다.

증강현실 가이드 시스템의 대표적인 예로는 자동차 회사의 차량 정비와 관련된 정보를 증강현실을 통해 절차적 단계를 제시하는 기술을 꼽을 수 있다. 정비를 위한 작업자는 증강현실 영상을 HMD를 통해 작업 정보를 직관적으로 볼 수 있고, 유지·보수에 필요한 절차적 상황을 실시간으로 보는 것이 가능하다. 따라서 증강현실 유지·보수 시스템은 산업 현장에서 양손이 자유로운 형태로 수리하는 데 도움을 줄 수 있다. 대표적인 사례로 독일의 BMW에서는 몰입형 AR 기기를 착용하여 자동차 수리 시 실제 부품 위에 가상의 정비 매뉴얼을 가시화하는 정비 교육 콘텐츠를 제시한 바 있다.

증강현실 기반의 유지·보수 시스템 영상

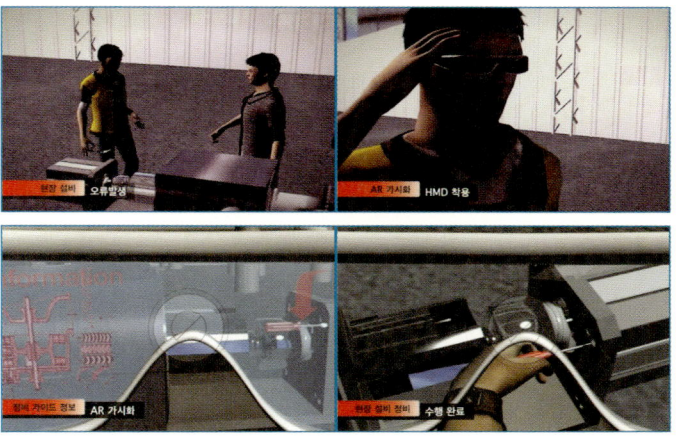

출처 : ETRI

"훈련이야 실전이야", 실전 같은 VR·AR 군사 훈련 시스템

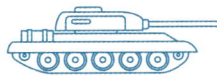

할아버지는 일반 산업뿐만 아니라 방위산업에 투자할 계획도 가지고 있다고 며칠 전 시장과 함께한 자리에서 이야기한 바 있다. 이에 시장은 어느 건물의 지하 기지로 할아버지를 안내했다. 보안 영역으로 표시된 지하 기지는 에트리 시티에서 방문한 장소들과는 사뭇 다른 비밀스러운 느낌을 풍겼다. 현대적인 각종 설비와 기기들이 즐비해 있는 널찍한 공간에 육·해·공을 나타내는 다양한 군복 차림의 군인들이 분주히 움직이고 있다. 시장을 따라 은밀한 공간들을 몇 군데 지나치자 영화 세트장 같은 실내 시뮬레이션 훈련장이 눈에 들어온다.

"가상현실 군사 훈련은 안전상의 이유나 기후적 제약으로 시도하지 못하는 훈련을 실감 나게 수행할 수 있습니다."

시뮬레이션 훈련장에서는 대테러 모의 훈련이 한창이었다. VR 기기를 착용한 군인들이 곳곳에서 합동 훈련을 하고 있다. 작전대장이 수신호를 하니 가상화면 속의 캐릭터 역시 수신호를 하면서 대원들을 이끄는 모습이 화면을 통해 나타난다. 잠시 후 천천히 이동하던 군인들 앞에 적이 나타나자 군인들은 모의 병기로 일제히 적을 향해 사격한다. 가상현실 사격 훈련은 행동을 인식하는 모션 센서 덕분에 훈련자들이 다양한 사격 자세를 배울 수 있다. 또한 훈련자의 방탄조끼에 내장된 충격 센서와 연동되어 가상 캐릭터가 총알을 맞았을 때의 충격이 훈련자에게도 전해진다.

전투 장면을 흥미롭게 바라보던 할아버지는 또 다른 군인들 무리에서 손자의 얼굴을 발견한다. 배우인 첫째 손자가 가상현실 파일럿 조종 훈련을 받는 모습을 촬영하고 있었다.

HMD를 쓴 첫째 아들의 눈에 펼쳐진 화면에는 입력된 비행기의 고도에 따라 가상현실 영상이 달라졌다. 그다음으로 첫째 아들은 가상 낙하 훈련 모습을 촬영했다. 가상 화면이 나오는 글라스를 쓰고 낙하산 모형에 매달려 낙하산을 펼치고 착지하는 단계까지 차근차근 훈련을 받았다.

첫째 아들의 마지막 촬영은 실제 전투기에서의 조종 훈련 모습을 찍는 것이다. 실제 군인들을 위한 실습이지만 첫째 아들 역시 촬영을 위해 과감히 전투기에 탑승했다. 첫째 아들을 비롯해 군인들 모두가 미리 VR 기기로 훈련한 덕분에 진짜 기계를 접했을 때 낯설어 하지 않고 잘 적응하는 모습이다. 그런데 얼마 되지 않아 비상 상황이 발생한다. 첫째 아들이 탑승한 제트기의 엔진에 이상이 생긴 것이다. 다행히 첫째 아들은 탈출에 성공해 낙하산을 타고 안전하게 내려왔지만 자칫 큰 사고로 이어질 뻔한 아찔한 순간이었다. 이 역시 가상현실 파일럿 조종 훈련 때 추락 연습을 해서 이 같은 실제 사고에 대비할 수 있었다.

손자가 안전하다는 말을 건네 들은 할아버지는 그제야 안도의 숨을 내쉬고는 이후 일정을 이어나갔다. 이번에는 시장은 할아버지에게 증강현실이 국방에 적용된 기술을 소개해주었다.

"증강현실은 이동 중인 군인들이 지형을 보거나 작전을 짤 때 영상을 제공해주어 작전 수행에 큰 도움이 됩니다."

설명에 이어 시장은 할아버지에게 '증강현실 사판(sand table)'◀미주8 을 보여준다. 본래 사판 훈련은 훈련장을 축소한 모형을 모래나 석회로 만들어 실전에서 일어날 만한 상황을 만들어서 작전을 수립하고 조치해보는 훈련인데, 이곳에서는 증강현실을 이용해 훈련하고 있었다. 증강현실이라 축소 모형은 필요 없으면서도 영상으로 정밀한 지형을 볼 수 있어서 사실감을 느낄 수 있었다.

할아버지는 고개를 끄덕이며 설명을 듣다가 주변의 군인들에게서 궁금증을 유발하는 물건을 발견했다. 할아버지가 군인들이 착용한 군모에 달린 작은 장치에 대해 묻자, 시장은 '증강현실 렌즈'라고 소개한다. 군인들이 증강현실 렌즈를 착용한 후 서류 가방 크기의 기기를 펼치면 주변 지형이 3D로 떠올라 어디서나 휴대형 작전 지휘센터를 마련할 수 있다는 것이다. 시장은 그 밖에도 군인들이 군모에 소형 증강현실 렌즈를 장착하면 아군과 적군의 위치를 식별하는 데 도움을 받을 수 있다고 설명했다. 증강현실 렌즈는 GPS로 데이터를 받기 때문에 위치 식별이 가능하고, 어둠 속에서 시야 확보를 돕는 야간 투시경 역할을 한다는 것이다. 또한 시장은 데이터 통신으로 병사들끼리 또는 지휘 본부와도 정보를 공유할 수 있다고 덧붙였다. 지하 기지에서 첨단 VR·AR 군사 훈련 시스템을 살펴본 할아버지는 국방 분야의 VR·AR 기술에 관한 기대감으로 투자에 착수할 것을 결심했다.

실제 국내외 VR·AR 국방 적용 사례

국내 VR·AR 기반 군사 훈련 시스템

국내의 여러 가상현실 관련 기업들이 VR 기반 군사 훈련 시스템을 개발하고 국방 분야의 다양한 훈련 체계에 적용하는 사례가 점점 늘어나고 있다.

네비웍스(Naviworks) 사는 가상훈련 시스템인 '리얼BX', 가변형 전술훈련 시뮬레이터 플랫폼인 'RTTP' 등과 같은 군 분야의 가

네비웍스의 가상훈련 시스템 리얼BX

출처 : http://www.naviworks.com/ko/realbx/

상 조종 전술훈련 시뮬레이터를 개발했다. 리얼BX는 가상훈련 시스템으로 실제 전장과 유사한 지능형 4D 훈련장을 제공하며 전투 사격, 공격, 방어, 수색 등 전투 기술 훈련의 다양한 훈련 콘텐츠를 제공한다. RTTP는 가변형 전술훈련 시뮬레이터 플랫폼으로 항공기의 비행 훈련 및 지상 장비의 조종 훈련, 헬리콥터 임무 훈련, 보병·기갑병·항공병 등과 제병(諸兵) 협동 전술훈련에 활용 가능하다.

아레스(Ares) 사는 낙하산 조종술 시뮬레이터인 'APS(Ares Para Simulator)'를 개발하고 있다. APS는 체험자가 다양한 고도의 가상 환경 아래서 낙하 경험을 체험하며 스카이다이빙 기술 훈련을 하는 체감 시뮬레이터이다. 좀 더 자세히 설명하면 항공기 이탈 단계부터 자유 낙하, 낙하산 개방, 공중 이동, 착지 상황까지 3차원 입체영상을 통해 훈련할 수 있는 고고도 및 저고도 낙하 조종 시뮬레이터이다.

도담시스템즈(DoDAAM Systems) 사에서는 F-16, T-50 항공기 조

아레스의 낙하산 조종술
시뮬레이터 APS

출처 : 아레스, http://www.aresinfo.com

도담시스템스의 전술 비행
시뮬레이터

출처 : http://www.dodaam.com/sub2/menu1.php

종사를 위한 '전술 비행 시뮬레이터'와 항공기 정비사를 위한 '정비 훈련용 시뮬레이터'를 개발하고 있다. F-16, T-50 모의 비행 훈련 장비는 효율적인 전술 비행 훈련을 수행할 수 있도록 실시간 연동이 가능하게 개발된 모의 비행 훈련 시뮬레이터이다. T-50 항공기 정비사를 위한 정비 훈련용 시뮬레이터는 실제 항공기와 동일한 정비 절차를 반복 훈련함으로써 신속한 실무 투입이 가능하도록 개발된 훈련 장비다.

옵티머스시스템(Optimus System) 사는 가상현실과 제어 기술을 융합한 '가상 낙하 로봇 시뮬레이터'와 '소총 소부대 전술훈련 시뮬

옵티머스시스템의
군사 훈련 시뮬레이터

가상 낙하 로봇 시뮬레이터

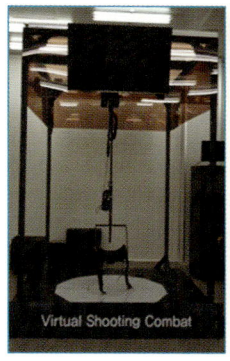  

소총 소부대 전술훈련 시뮬레이터　　　　　출처 : http://www.optimus-sys.com

레이터'를 2016년 7월에 선보였다. 특히 가상 낙하 로봇 시뮬레이터는 HMD를 이용한 개인용 군사 훈련 시뮬레이터로, 기존 2차원 모니터 기반이었던 외국 제품과 달리 다관절 병렬 로봇 기술 등을 적용해 360도 화면을 사용자에게 그대로 제공해 현실감을 극대화하고자 했다. 여기에는 실시간 동기화 제어와 진동과 같은 촉각 인터페이스인 햅틱 기술이 적용되며, 또한 시야각 360도 화면을 사용자에게 제공함으로써 현실감을 높였다. 낙하 조종술 훈련뿐만 아니라 모션 센서를 이용한 자유 강하 훈련, 기본자세 훈련, 기능

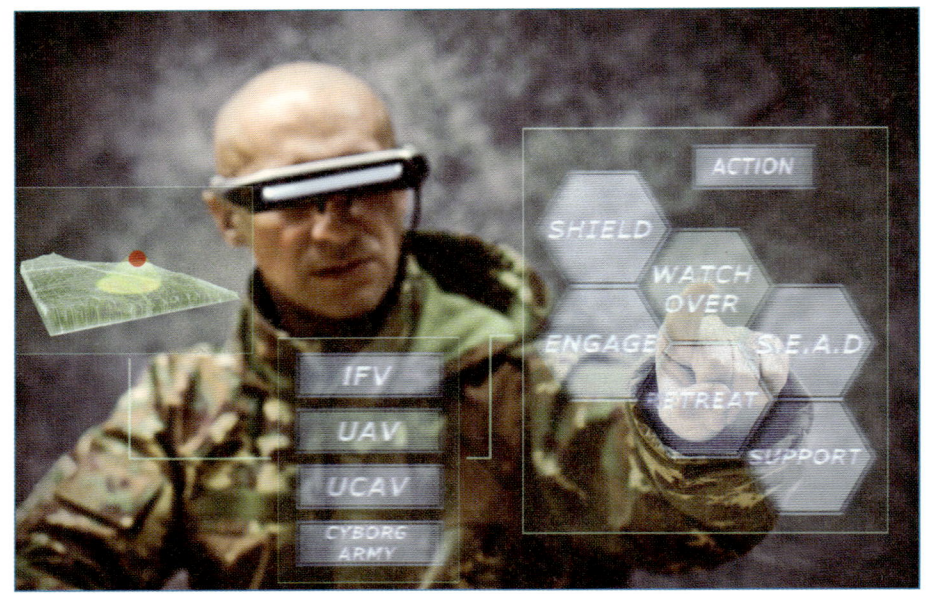

고장 처치 훈련도 가능하다.

소총 소부대 전술훈련 시뮬레이터는 독자 개발한 모션 캡처 기반으로 실전에 가까운 훈련이 가능하도록 구현했다. 여기서 모션 캡처란 사람 등에 센서를 달아 그 대상의 움직임 정보를 인식해 가상환경 내 영상 속에 연동 및 재현하는 기술을 의미한다.

현재 국내에서 활용되는 군사 훈련 시뮬레이터는 미국 STI 사의 낙하산 시뮬레이터인 '파라심(Parasim)'과, 소총 및 대테러 시뮬레이터인 '버트라(Virtra)'가 거의 독점하고 있다는 점에서 국내 기업들의 기술 개발 소식은 희소식이 아닐 수 없다.

국외 VR·AR 기반 군사 훈련 시스템

세계 국방 분야의 VR·AR 기술은 국방비 예산이 가장 많은 미국의 기업들이 강세를 보이며 시장을 주도하고 있다.

먼저 ESRI 사는 자동 3차원 지형 정보 변환 서비스를 제공한다. 자사가 구축해놓은 풍부한 공간 지도정보를 바탕으로 2차원 형태의 공간 정보를 자동으로 3차원 지형 정보로 변환해서 서비스하고 있다. 이 회사는 '아크GIS 데스크톱(ArcGIS Desktop)'을 비롯하여 다양한 지리정보 시스템을 전 세계 시장에 보급하고 있으며, 전 세계 GIS 소프트웨어 사용자의 80퍼센트의 점유율을 차지하고 있다.

ESRI 사는 매우 높은 시장점유율을 기반으로 국방 분야에 대한 다양한 서비스를 제공하고 있다. 우선 미 국방성 관련 서비스로, 미 국방성 표준에 따라 3차원 지형 정보 위에 여러 가지 군사용 지리정보 및 작전 상황을 가시화해주는 서비스를 제공한다. 그리고 미 육군 ASASL(All Source Analysis System-Light) 시스템에도 ESRI 사의 아크GIS와 연동이 가능한 인터페이스를 제공하여 적군 상황을 렌더링하고, 군사 작전 계획, 시각화, 분석을 위해 활용 중이다. 또한 미 공군 DCGS(Distributed Common Ground System)의 시스템에도 ESRI 사의 아크GIS를 사용할 수 있도록 인터페이스를 제공하여 군사 정보 포스팅, 가시화, 공유, 감시, 정찰에 활용 가능하도록 지리정보 서비스를 제공하고 있다.

ESRI 사의 제품은 미국 외의 여러 지역을 대상으로 서비스하고 있

ESRI의 지리정보 분석 가시화 시스템인 아크GIS

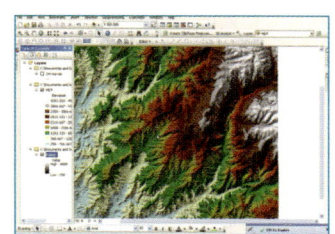

출처 : https://developers.arcgis.com

마이크로소프트의 플라이트 시뮬레이터X

출처 : https://flight-simulator-x.en.softonic.com

지만 지역이 국한적이어서, 한국의 지형 정보를 기반으로 전략 시뮬레이션을 실행하기에는 어려움이 있다.

마이크로소프트는 비행 시뮬레이션 SW인 '플라이트 시뮬레이터'를 선보였다. 이는 비행 시뮬레이션 게임에서 시작하여, 7.0 이후 버전은 미 연방 항공국이 제공하는 비행 훈련기 자격을 얻을 수 있다. 이 제품은 비행 훈련이 가능한 비행 시뮬레이션 SW 수준을 이루었으나, 여전히 PC, X박스 등 게임에 집중하는 형태이기에 특수 군사 작전용으로는 사용이 불가능하다는 단점이 있었다.

그러던 중 미국의 대규모 군수 기업인 록히드마틴이 2009년에 마이크로소프트 플라이트 시뮬레이터의 지적재산권을 사들여, 그로부터 1년 후 훈련용 비행 시뮬레이션 소프트웨어인 'Prepar3D'를 제작했다. Prepar3D는 항공기 제조사, 항공사, 교육기관의 조종사 비행 훈련 시스템으로 록히드마틴의 군용 비행기 및 무기 체계 훈련 중심으로 제작했다. Prepar3D는 네덜란드의 'TRC 시뮬레이터'에 도입되어 비행 훈련 시뮬레이터의 소프트웨어로 채택되기도 했다. 'Prepar3D professional Plus' 라이선스 구매 시 록히드마틴의 실제 군용 비행기 및 무기 체계 훈련이 가능하다.

하지만 이 제품은 자사의 실제 군용 비행기 및 무기 체계 훈련에 집중되어 한국의 전략 및 전술 시뮬레이션에는 적용할 수 없다.

STI 사에서는 가상 환경 기반 낙하산 훈련 시뮬레이터인 '파라심'을 개발했다. 이 제품은 실사 기반 3차원 복원 지형 데이터를 활용

록히드마틴의 Prepar3D

출처 : http://www.prepar3d.com

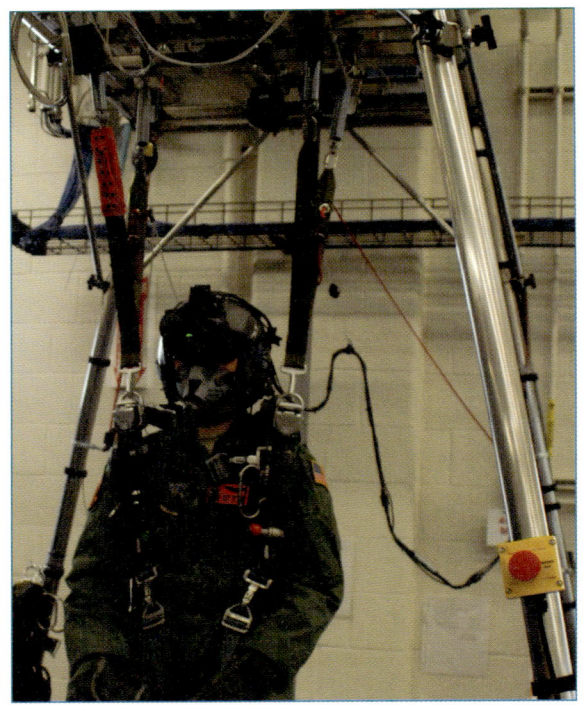

STI의 낙하산 훈련 시뮬레이터 파라심
출처 : http://www.systemstech.com/simulation-products/parasim/

하여 훈련 효과를 향상시킬 수 있으며 미국의 육군, 해군, 공군 등에서 공수부대 작전과 비상 탈출 훈련에 사용 가능하다.

버트라(VirTra) 사는 의사결정 훈련 및 전술 총기 훈련을 위한 군사 훈련 시뮬레이터인 'V-300'을 개발했다. V-300은 5개의 화면과 300도의 몰입형 디스플레이를 이용해 시뮬레이터를 구현했다. 보헤미아 인터랙티브 시뮬레이션스(Bohemia Interactive Simulations) 사는 군사용 시뮬레이션 소프트웨어인 '버추얼 배틀스페이스3 (VBS 3, Virtual BattleSpace 3)'를 개발했다. 이것은 저작도구(VBS Image Generator), 전략 시뮬레이션(VBS Tactics), 지형 생성 렌더링 엔진(VBS Blue) 등 다양한 플랫폼 형태로 제공되며, 시나리오 교육과 임무 리허설 등을 위한 시뮬레이션 소프트웨어로 활용된다.

타이탄IM(TitanIM) 사는 시뮬레이션 소프트웨어 플랫폼인 '타이탄IM'으로 사용자에게 지형을 표현하고 시나리오를 만들어 가상 환경을 생성할 수 있는 시스템을 제공한다. 단일 통합 프로그램에서 타이탄IM은 시나리오 생성 기능, 게임 품질의 런타임 엔진, 온라인 멀티 플레이 네트워킹, 지형 편집, 글로벌 지형 데이터베이스와 같은 저작도구 기능을 제공하고 있다.

타이탄IM의 시뮬레이션 소프트웨어 플랫폼인 타이탄IM

출처 : http://titanim.net/www/

3장

오감을 실현하는 VR·AR의 요소 기술

시공간을 제어하는 VR·AR 기술의 세계

상상을 현실로 만드는 VR·AR의 대표적 기술

가상현실·증강현실은 컴퓨터를 이용해 구축한 가상현실 또는 증강현실 공간 내에 시각, 청각, 촉각 등 오감을 활용한 인터페이스를 통해 체감형 콘텐츠를 제작하고 가시화하고 상호작용하는 기술이다. 앞에서 살펴본 바와 같이 '가상현실 기술'은 컴퓨터로 만든 가상 환경 내에서 사용자의 오감 정보를 확장 및 공유함으로써 현실 세계에서 실질적으로 경험하기 어려운 상황을 실감적으로 체험할 수 있게 하는 기술을 말한다. 한편 '증강현실 기술'은 현실 공간과 사물에 증강된 콘텐츠를 합성하여 사용자에게 보다 많은 체험 서비스를 제공하고, 또한 정보를 제공하는 기술로 정의된다.

따라서 가상현실은 '몰입형' 장치를 통해 현실 세계와 단절된 콘텐츠를 체험하는 반면, 증강현실은 실제 세계와 '융합'된 콘텐츠를 제시하는 차이가 있다.

가상현실은 사용자가 가상공간에 존재하는 듯한 느낌을 극대화하는 것을 목적으로 한다. 그러므로 몰입형 시각 정보를 이용하여 사용자에게 체험 공간을 가시화하고, 몰입 콘텐츠에서 사람의 오감과 관련된 입출력 정보를 기반으로 실시간으로 상호작용하고, 몰입된 공간을 구성하기 위한 저작 환경과 운동성을 부여하는 시뮬레이션으로 기술을 분류할 수 있다. 따라서 가상현실 기술은 크게 '몰입 가시화 기술', '실감 상호작용 기술', '가상현실 환경 생성 및 시뮬레이션 기술' 세 가지로 구분할 수 있다.

몰입 가시화 기술은 사용자에게 가상현실 몰입 환경을 제공하기 위한 기술로 HMD, 프로젝션 등 가시화 장치 기술과 영상 가시화 SW 기술을 포함한다.

실감 상호작용 기술은 사람의 오감을 기반으로 가상현실 참여자와 가상현실 시스템과의 입출력에 해당되는 기술이다. 대표적인 기술은 모션 기반 시뮬레이터, 가상현실 참여자의 위치 추적, 촉각 및 햅틱 기술을 포함한다. 또한 후각, 미각과 관련된 기술도 포함할 수 있다.

가상현실 환경 생성 및 시뮬레이션 기술은 360도 파노라마 이미지 또는 복원을 기반으로 가상현실 환경을 생성하고, 저작을 통해 가상현실 참여자를 위한 시나리오 기반의 몰입 가시화 및 상호작용 환경을 제공하고, 아바타 기반으로 가상현실 환경에 참여한 사용자와 소통하는 기술을 포함한다.

증강현실 분야의 권위자로 알려진 로널드 아즈마(Ronald Azuma)의 정의에서 알 수 있듯이, 증강현실은 실제와 가상의 이미지가 서로 합성되어야 하고, 3차원 실제 공간에 정합이 되어야 하며, 실시간 인터랙션이 가능해야 하므로 요소(component) 기술은 '센싱 및 트래킹 기술', '영상 합성 기술', '실시간 AR 상호작용 기술'로 구분할 수 있을 것이다.

센싱 및 트래킹 기술은 증강을 위한 가상 물체를 실제 공간에 정밀하게 위치를 제공하는 기술로 증강현실의 핵심 기술이다. 마커와 같이 미리 알고 있는 정보를 이용하는 방법과 비주얼(Visual) SLAM과 같이 새로운 공간에 대한 트래킹을 지원하는 기술 등 다양한 방법으로 기술 개발되고 있다.

　영상 합성 기술은 가상의 물체를 실제 공간의 영상과 일치되게 표현하는 기술로, 증강현실 환경을 사용자에게 제공하는 장치 기술과 실제 공간과 심리스(seamless) 하게 영상을 합성하는 기술을 포함한다.

　실시간 AR 상호작용 기술은 실제 공간에 합성된 가상의 물체를 증강현실 참여자가 실시간 상호작용을 통해 증강현실 공간을 체험하는 기술을 말한다. AR 상호작용 기술은 가상현실의 기술 범주인 상호작용 기술과도 유사한 특성을 가진다.

　이와 같이 3장에서는 가상현실·증강현실의 대표적인 요소 기술들을 분류하여 각각의 기술의 내용과 특징 및 장단점 등을 상세히 알아보고자 한다.

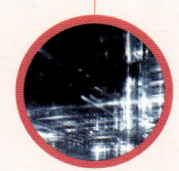
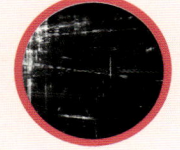

02
VR의 주요 요소 기술

몰입 가시화 기술

❶ HMD 기술

가상현실의 몰입 콘텐츠를 체험하기 위해 사용자의 머리에 HMD 기기를 장착하여 영상을 제시하는 기술은 이미 상용화되어 있다. 현재의 HMD에 대한 기술적 바탕은 1968년 유타대학교의 컴퓨터공학자 이반 서덜랜드(Ivan Sutherland)에 의해 이루어졌고, 사용자에게 시각적으로 완전히 몰입된 가상공간을 제시하기 위해 HMD의 시야각(FOV, Field Of View)이 확대되고, 해상도가 증가하는 방향으로 발전하고 있다. 2010년대 초반까지도 단안(單眼) 모듈당 시야각이 40도 내외 수준이었으나, 최근에는 100도 이상의 시야각을 제공하는 HMD가 개발되어 상용화되고 있다.

예를 들면 오큘러스 VR 사에서는 고화질 패널, 렌즈, 몰입형 이미징 재생 소프트웨어 기술을 개발하여 보다 높은 몰입감을 주는 '오큘러스 리프트'를 출시했다.

상용화된 VR HMD의 종류: 기어 VR(왼쪽), HTC 바이브(가운데), 오큘러스 리프트(오른쪽)

출처 : ETRI

HTC는 HMD에 장착된 여러 적외선 센서를 활용하여 사용자의 공간 크기를 알아내고, 정육면체 모양의 위치 추적 부속품을 사용하여 설정된 공간 내의 움직임을 트래킹하는 기능을 지원하는 'HTC 바이브'를 출시했다. 또한 소니는 콘솔 게임기인 PS4와 연결하여 VR 게임을 체험할 수 있는 HMD인 '플레이스테이션 VR(PS VR)'을 출시했다.

삼성전자에서는 오큘러스 VR 사와 협력하여 모바일 휴대형 장치(스마트폰 등)를 연결하여 VR 서비스를 제공하는 '기어 VR'을 공개했다. 기어 VR은 자체 위치 추적 센서를 내장하여 머리의 회전에 따라 빠른 화면 전환을 지원하고, PC 기반의 독립형 VR 장치가 갖는 단점을 극복한 모바일 플랫폼으로, 사용자에게 이동이 자유로운 VR 체험 환경을 제공할 수 있다는 장점이 있다.

❷ 완전 몰입형 프로젝션 디스플레이 기술

HMD는 안경처럼 사용자가 디스플레이 장치를 착용하고, 장치 내부의 작은 LCD 패널을 통해 렌더링(rendering)된 화면을 볼 수 있도록 한 기기다. 한편 여러 대의 프로젝터를 이용하여 여러 사람들이 한꺼번에 볼 수 있는 '몰입형 프로젝션 장치 기반 디스플레이' 환경도 VR 공간을 가시화하기 위해 꾸준히 사용되고 있다. 일례로 시카고대학교에서 개발된 'CAVE'는 마치 방과 같은 큐브 형태의 디스플레이 장치로, 사용자가 장치 내부에 들어가 각 면들의 디스플레이 화면을 입체적으로 보기 때문에 HMD를 착용하지 않고도 사용자에게 높은 몰입감을 느낄 수 있도록 해준다.

    CAVE 장치의 원리는 각각의 스크린 영역(일반적으로 5면으로 구성)에 좌우 입체 영상을 동시에 가시화한다. 아래쪽 스크린에는 아래에 해당하는 좌우 입체영상을 프로젝션 하고, 위쪽 스크린에는 위쪽 화면에 해당하는 좌우 양안의 화면을 프로젝션 한다. 그리고 상하좌우의 화면을 내보내기 전에 사용자 위치 추적 장치를 통해 들어온 사용자의 위치와 시점에 맞추어 각 스크린 영상을 실시간으로 생성한다. 일반적으로 CAVE 장치는 사용자가 장치 앞에서 작업해야 하므로 사용자의 작업을 방해하지 않기 위해 후면 투사 프로젝션 방식으로 구성하고 있다.

몰입형 프로젝션 디스플레이 사례

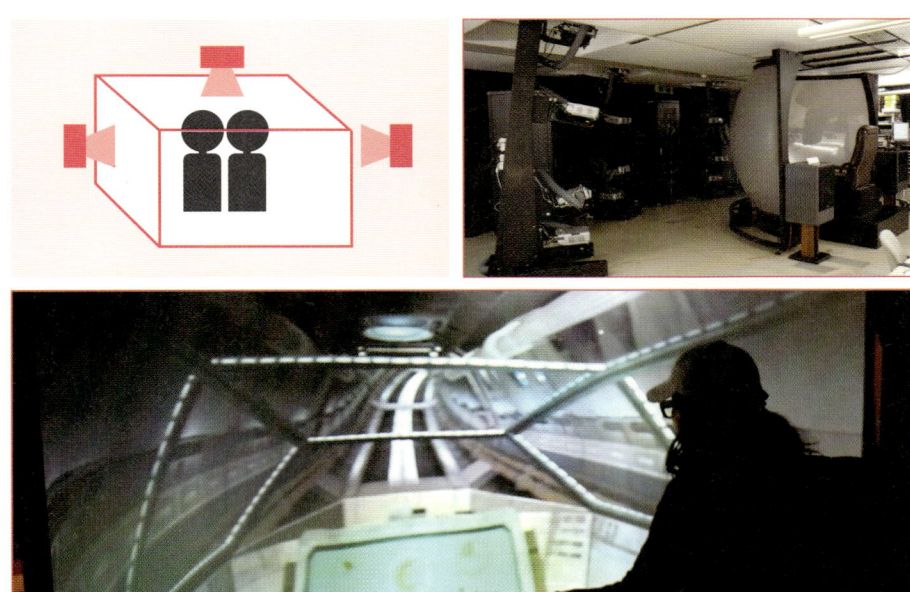

출처 : ETRI

실감 상호작용 기술

❶ 모션 기반 시뮬레이터 기술

VR 실감 상호작용은 가상현실 공간 또는 콘텐츠를 사용자의 오감과 관련된 입출력 장치를 통해 실시간으로 제어하는 것을 말한다. 이 중에서 '모션 기반 시뮬레이터 기술'은 사용자가 실제 움직이는 탑승물 등의 장치에 있는 것과 같은 느낌을 제공하는 기술이다. 이러한 시뮬레이터에는 사용자가 탑승물(레이싱 자동차, 비행기 등)을 직접 조종하는 운전 시뮬레이터, 스키를 타고 슬로프를 내려오는 것과 같은 느낌을 제공하는 스포츠 시뮬레이터 등이 있다.

이때 탑승물의 움직임을 재현하기 위해 6자유도(DOF, Degree Of Freedom)를 지원하여 사실적인 이동, 충돌, 회전을 체감할 수 있게 해야 한다. 여기서 6자유도란 앞뒤, 상하, 좌우(x, y, z)의 세 개의 선형 운동축과 이 선형 운동축을 중심으

모션 플랫폼 사례(에어글라이더 모션 플랫폼)

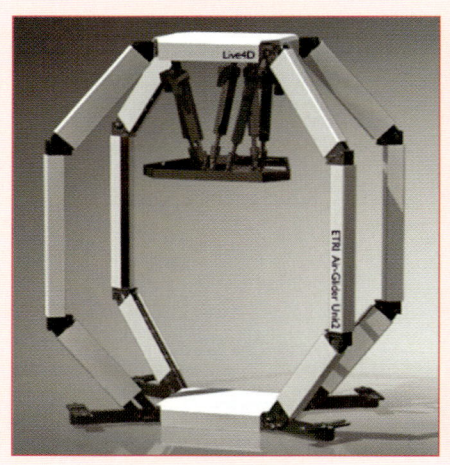
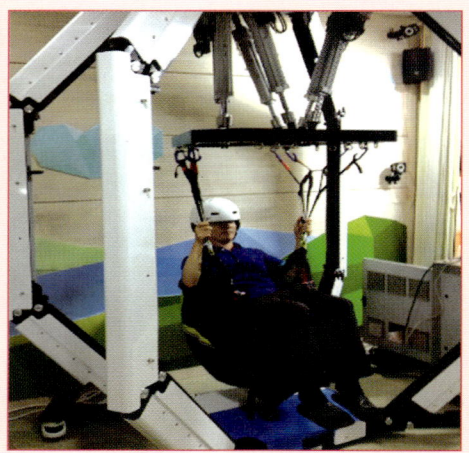

출처 : ETRI

워시아웃 필터에 의한 자세 제어 및 모션 기반 시뮬레이터 사례 (사파리 시뮬레이터)

출처 : ETRI

로 회전하는 세 개의 회전 운동(roll, yaw, pitch)을 말한다. 또한 한정된 공간 안에서 지속적인 가속도를 체감할 수 있도록 워시아웃(washout) 필터를 사용하는데, 이 필터의 기본적인 구동 알고리즘은 가속감을 주기 위해 가속 반대 방향으로 사용자를 기울여 중력에 의해 가속이 유지되는 느낌을 받게 한다. 모션에 따른 시각적 입력이 사용자에게 눈을 통해 탑승물의 위치, 속도, 고도 등에 대한 정보가 뇌로 전달되는데, 영상의 출력 결과와 시뮬레이터의 움직임의 동기화가 제대로 되지 않을 경우 일반적으로 어지러움과 메스꺼움 등의 VR 멀미를 일으킬 수 있다고 알려져 있다.

❷ 위치 추적 기술

 가상현실·증강현실에서 '사용자의 위치 및 방향을 추적하는 기술'은 사용자가 바라보는 위치 및 방향에 맞추어 콘텐츠를 디스플레이 하기 위해 반드시 필요한 기술이다. 예를 들어 VR 공간을 체험하는 사용자는 고개를 들어 위를 보는데 콘텐츠가 계속해서 정면의 콘텐츠를 보여주게 된다면 사용자의 시각적 감각에 오류를 발생시키게 될 것이다.

 몰입형 HMD 디스플레이 장치인 HTC 바이브와 오큘러스 리프트에는 사용자의 위치 추적(주로 머리의 위치와 회전을 추적)을 위한 기술이 적용되어 있다. 바이브의 위치 추적은 실내 공간에 부착된 두 개의 베이스 스테이션(Base Station)에서 레이저를 쏘고, 사용자가 착용한 헤드셋이나 컨트롤러에 부착된 포토다이오드 센서가 레이저를 인식한 뒤 인식한 시간을 위치 추적 프로그램에 전달함으로써 위치를 계산한다. 이러한 바이브의 위치 추적 계산은 비교적 단순해 빠른 위치 계산이 가능하다는 장점이 있다.

HTC 바이브의 위치 추적 장치

라이트하우스 트래킹 스테이션

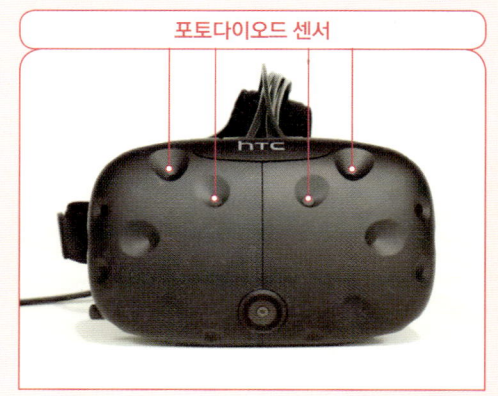

포토다이오드 센서

출처 : ETRI

반면에 오큘러스 리프트는 헤드셋에 부착된 적외선 LED에서 빛을 내뿜고, 이 빛을 적외선 카메라가 인식하여 사용자의 위치를 계산한다. LED는 1초에 30번 점멸하고, 각각의 LED는 각기 다른 패턴으로 점멸하기 때문에 적외선 카메라에서는 인식된 LED를 구분할 수 있게 된다. 오큘러스 리프트는 초당 30장의 적외선 이미지를 가져와야 하고, 적외선 이미지 상에서 각각의 LED 위치를 찾는 등의 사용자 위치 계산을 위한 연산이 필요해 CPU의 부하가 상대적으로 많이 필요하다는 단점이 있다.

또한 HMD를 착용하는 머리의 위치뿐만 아니라 사용자 관절의 정보를 획득하는 '인체 모션 인식 기술'은 VR 환경을 체험하는 사용자의 상호작용 동작을 인식하고, 가상의 아바타와 같은 캐릭터를 연동하기 위한 핵심 기술이다. 예를 들면 가상현실에서 전문가의 동작을 보고 따라 하며 태권도의 품새를 배울 수 있는 VR 태권도 훈련 플랫폼은 사용자의 동작을 실시간으로 분석하고, 이를 통해 코칭 기능을 제공하기 때문에 인체 모션 인식 기술이 필요하다. 일반적으로 사용자 관절의 정보를 획득하는 인체 모션 인식 기술은 카메라를 통해 마커를 인식하는 방식, 센서를 부착하여 인식하는 방식, 그리고 마커나 센서를 붙이지 않고 마커리스로 인식하는 방식과 같이 크게 세 가지 방법으로 나뉜다.

먼저, 마커를 붙이는 방식은 여러 대의 카메라를 이용해 영상을 분석하고 인체에 부착된 마커의 위치를 추적해 모션을 획득하는 방법이다. 처음 사용 시 여러 대 카메라의 좌표를 하나의 좌표계로 일치시키는 작업이 필요하고, 마커를 사용자에게 부착해야 하는 번거로움이 따르지만 다른 방식에 비해 가장 높은 모션 인식 정확도를 보여준다. 두 번째로 센서를 붙이는 방식은 카메라를 사용하지 않고 마커 대신에 센서를 부착해 인체의 모션을 획득하는 방법이다. 주로 자이로(gyro) 센서, 지자기(geomagnetic) 센서, 가속도 센서들의 정보를 분석하여 각 관

센서를 붙이지 않는 방식의 HW 시스템, 캘리브레이션, 사용자 동작 획득

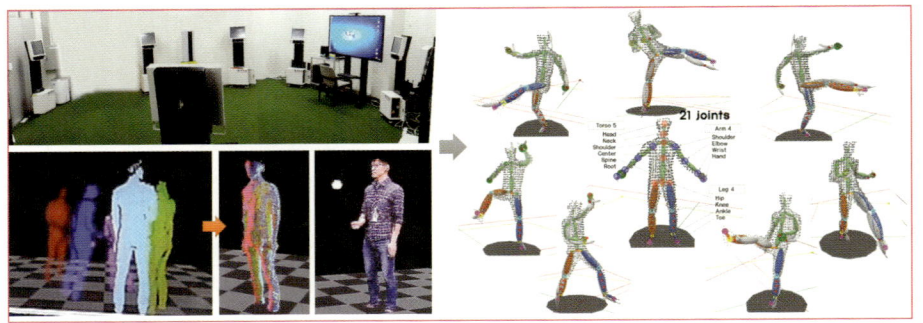

출처 : ETRI

절의 회전 정보를 획득하고 인체의 모션을 인식한다. 이 방식은 마커를 붙이는 것과 마찬가지로 인체에 센서를 부착해야 하는 번거로움이 있지만 모션을 획득하는 장소에 구애받지 않고 모션을 인식할 수 있다.

이러한 마커나 센서를 이용하는 방식은 인체의 각 부분에 센서나 마커를 붙이기 때문에 정확도가 높다는 장점이 있지만, 모션을 획득하기 위한 준비 시간이 오래 걸리므로 주로 전문가 모션 획득에 사용된다. 그 때문에 최근에는 인체에 마커나 센서를 붙이지 않는 방식을 이용하여 사용자의 관절의 위치 정보를 획득하는 방법이 연구 개발되고 있다. 이 방식은 인체 영역의 깊이 정보나 컬러 정보를 분석해 모션을 획득한다. 하지만 앞의 두 방식에 비해 모션 획득에 대한 정확도는 낮은 단점이 있다.

❸ 햅틱 기술

햅틱(Haptic) 기술은 실제로 존재하지 않지만 가상공간 내에서 가시화된 3D 객체와 접촉하면서 촉각 정보와 힘의 정보를 느끼도록 하는 상호작용 기술이다.

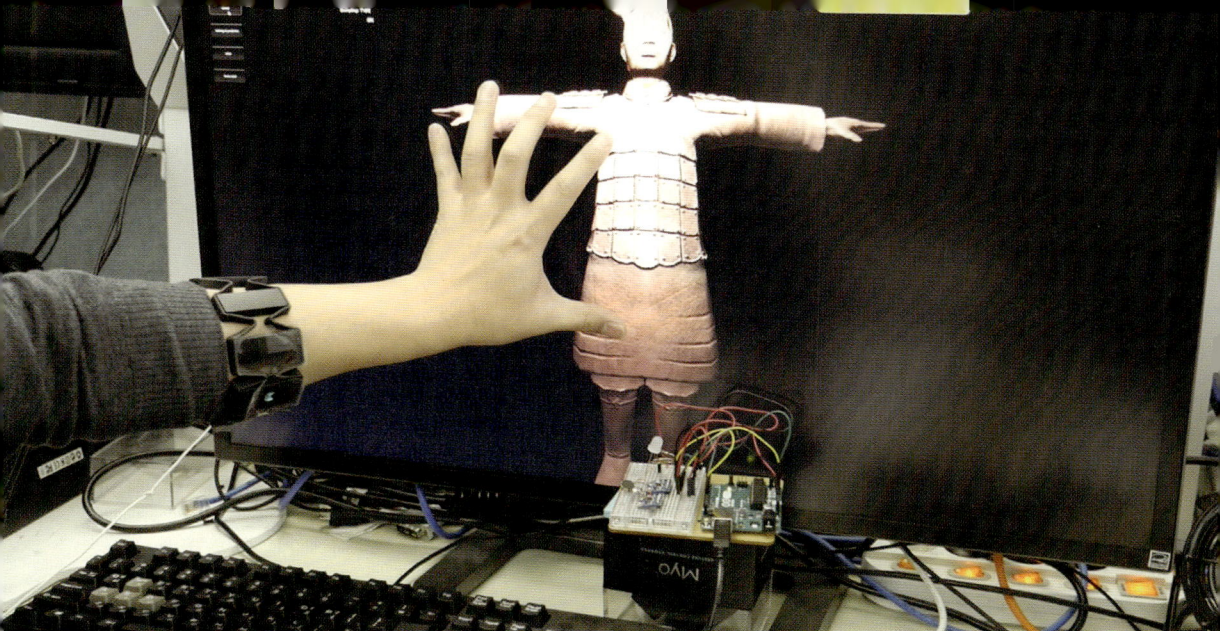

포스 감지형 Live Interaction Wall: 착용형 포스 센싱 기술 개발 과정   출처 : ETRI

  이를 위해 햅틱 장치는 물리적 힘을 가상의 사물에까지 전달시켜주고, 힘이 전달된 물체는 가상공간 내에서 변형 또는 조작되면서 상호작용한다. 이를 통해 가상공간에서 시각 정보로 획득한 물체의 단단함, 질량값, 중력감 등 근육 감각을 자극시켜 감각 정보로 전달하게 된다.

  이러한 햅틱 기술은 정밀한 감각의 전달이 필요한 수술이나, 진단, 재활을 포함한 의료 분야, 목업 제작, 훈련이 필요한 산업공학, 위치 및 정확한 공간 정보를 전달하고 제어할 수 있는 로봇, 증강현실, 엔터테인먼트 분야 등 많은 분야에 응용이 가능하다. 예를 들면 글로브 형태의 햅틱 장치는 손에 착용하여 정확한 압력과 손동작을 인지하여 가상 세계의 물체와 현실 세계의 물체가 같은 감각으로 작동할 수 있도록 도와준다. 이 기술을 가상현실 콘텐츠를 제작할 때 물리 시스템에 적용시켜 힘의 반영, 사물의 진동, 물체의 질감 같은 촉감 이벤트로 적용시키기도 한다.

최근에는 햅틱 정보를 전달하기 위해 신체와 가장 밀착시킬 수 있는 인터페이스를 적용시킨 모션 슈트가 개발되고 있다. 콘텐츠가 전달하고자 하는 감각과 가장 근접한 부분에 착용하여 체험자가 바람, 열, 통증, 액체와 같은 물체와 상호작용했을 때 느껴지는 감각 정보를 전기 신호로 변환하여 발생시키고, 블루투스나 와이파이를 이용하여 무선으로 햅틱 데이터를 전송하거나 동작한다.

햅틱 기술은 그래픽스 기술 및 센서 기술의 발전에 따라 직접 몸을 움직여 조작하는 방식으로 점점 더 발전하고 있다. 이러한 3D VR·AR 환경에서 사용자는 머리 방향에 따라 360도 화면을 체험하고, 양손에 쥐는 컨트롤러를 통해 직접 손으로 가상현실 속 물체와 상호작용할 수 있다. 예를 들면 가상공간에 배치된 가상의 공을 실제처럼 쥐었다가 놓을 수 있는 체험이 가능하다. 이처럼 몰입성이 강화된 경험을 제공할 수 있도록 햅틱과 결합된 다양한 형태의 3D VR·AR 컨트롤 장치가 출시되면서 3D VR·AR 환경에서의 보다 자연스러운 사용자 상호작용 인터페이스 기술이 점진적으로 발전하고 있다.

VR HMD 착용 모습과 각종 VR 컨트롤러(바이브 컨트롤러, 오큘러스 터치)

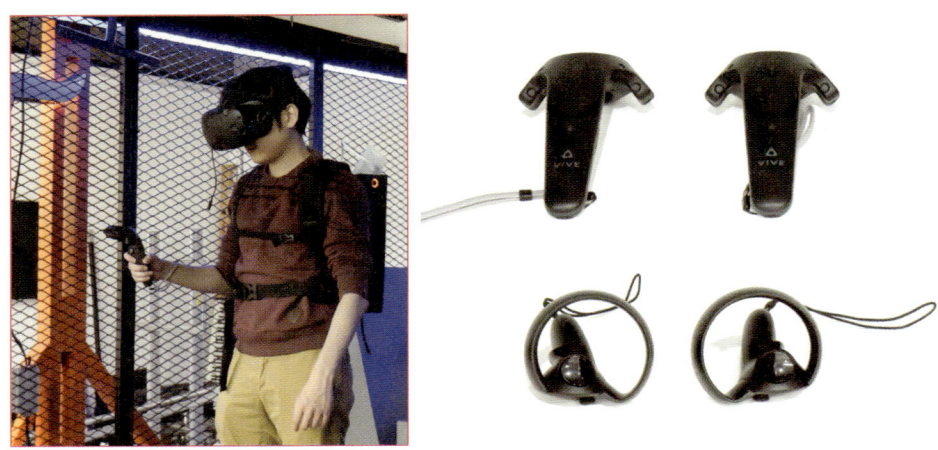

출처 : ETRI

가상현실 환경 생성 및 시뮬레이션 기술

❶ VR 저작 기술

　VR 환경을 생성하기 위한 저작은 기존 온라인 및 모바일 게임 저작 방식과 같이 주로 게임 엔진을 이용하여 공간을 만들고, 리소스를 배치한 후 원하는 내용으로 시나리오가 흘러가도록 구성한다. VR 환경을 저작하기 위한 엔진(저작도구)은 구동하는 기기(모바일 플랫폼 또는 PC 플랫폼)마다 맞추어 VR 환경을 가시화하는 기능뿐만 아니라 상호작용을 위한 하드웨어의 동작을 지원하는 기능을 포함하고 있다. 이러한 VR 저작도구는 사용자가 체험하는 VR 환경을 표현해야 하기 때문에 사용자에게 제공되는 3차원 공간을 모두 저작해야 한다. 예를 들어 레이싱 장르의 VR 게임을 구성한다면 자동차, 자동차가 위치할 바닥, 하늘, 나무, 트랙 등 모든 요소가 가상공간에 있어야 한다. 사용자의 체험을 위해 저작

오큘러스 리프트 VR 영상　　　　　　　　　　　　　　　　　　　출처 : ETRI

된 VR 환경은 VR 기기의 센서(가속도, 각속도 등) 정보를 통해 사용자가 보고자 하는 방향을 정확히 가시화하고, 걸어 다니면서 움직이는 콘텐츠를 체험하는 경우에는 VR 기기를 착용하고 실제 공간에서 움직여야 하기 때문에 현실 세계의 바닥과 벽이 가상 세계에서도 동일하게 표현되어야 한다.

가상 환경 시뮬레이션 기술은 3차원 복원 데이터 또는 가상 환경에서 다양한 특수 효과들을 포함하여 사실성을 높여주는 기술이다. 특수 효과에는 불꽃, 연기, 파도, 눈, 비, 안개, 구름, 노을, 밤·낮 표현, 태양광 대기 산란 등이 있으며 우리가 주위에서 쉽게 볼 수 있는 자연 현상을 물리 수식 기반으로 계산하여 표현한다. 또한 가상의 물체에 대해 운동성을 부여하는 물리 속성 제어 기술도 포함한다.

❷ 실 환경 공간 복원 기술

가상현실 콘텐츠 제작 기술에서 '실 환경 공간 복원 기술'은 가상현실 체험 공간을 구성하기 위해 현실 세계에 있는 환경을 센싱하여 VR 환경으로 제작하는 기

실 환경 공간 복원 기술 실시간 모델링 툴

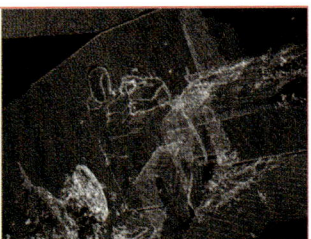

복원된 실 환경 메쉬 생성 및 충돌 처리 시뮬레이션

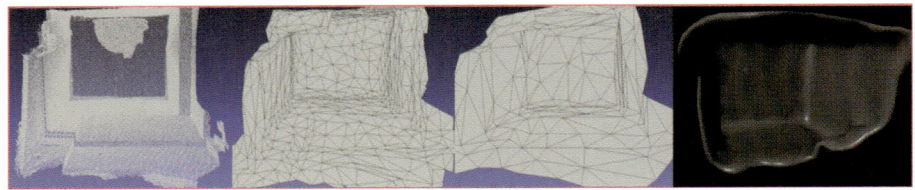

복원된 실 환경 메쉬 생성 및 충돌 처리 시뮬레이션

출처 : ETRI

술이다. 예를 들면 3차원 레이저 스캐너를 이용하여 뉴욕의 박물관 공간을 촬영해 3차원 컴퓨터그래픽 데이터로 복원하게 되면, 원격지에 물리적으로 떨어져 있는 다른 사용자가 뉴욕의 박물관을 가상현실로 체험하는 것이 가능하다.

이러한 영상 기반의 3차원 복원 기술은 다양한 영상 획득, 영상 내의 특징점 추출, 일치점 획득, 기하(geometry) 등을 이용한 필터링 및 카메라의 자세 추정, 삼각화(triangulation) 기법을 사용하여 3차원 정보 추정 및 3차원 메쉬·렌더링을 통해 3차원 형상을 복원한다. 이 3차원 복원 기술은 영상을 취득하는 방법에 따라 능동형과 수동형 방식으로 나뉜다. 여기서 능동형 방식은 구조광(Structured Light) 패턴 방법, 레이저 스캐닝 방법, 깊이 카메라를 이용하여 자동화되어 획득하는 방식이고, 수동형 방식은 주로 카메라로 직접 사용자가 원하는 공간에 대한 정보를 획득하는 방식이다.

예를 들면 공간을 복원하기 위해 깊이 값을 촬영할 수 있는 카메라 센서를 이용하는 방법으로 마이크로소프트의 키넥트 센서가 있다. 구글에서는 적외선 센서가 내장된 탱고를 통해 우리가 언제나 소지하고 다니는 스마트폰에 깊이 값이 포함된 영상을 추출할 수 있도록 공간 정보를 복원하는 기술을 소개했다. 또 다른 예로 라이다(LiDAR, Light Detection and Ranging) 센서는 거리 센서로 회전하면서 주변 지형물을 스캔하고, 충돌하는 지점의 데이터를 연결하여 지도를 생성하고 공간을 복원하게 한다. 회전하면서 주사한 광선이 물체에 반사되어 되돌아오는 정보로 3차원 데이터를 생성시키는 주사식 라이더 장치는 오차 범위가 0.001밀리미터 수준으로 정밀한 공간 구조를 복원 가능하게 한다.

일반적으로 복원된 이미지는 무수히 많은 점·선·면으로 이루어진 데이터이므로 복원된 데이터가 제대로 연결되어 있지 않으면 홀(hole)이 발생되거나, 너무 많은 폴리곤(polygon) 데이터로 인해 소프트웨어의 자원 낭비가 발생되므로 복원된 폴리곤 데이터를 효과적으로 최적화시키는 기술이 필요하다. 이러한 '복원 데이터 폴리곤 옵티마이제이션'은 3차원으로 스캔된 데이터를 필요한 서비스에 맞게 최적화하는 것으로 가상현실 체험형 공간을 제작하기 위해 3D 그래픽 데이터로 변환하는 중요한 기술이다.

❸ 360 파노라마 VR 환경 생성 기술

최근 360도로 촬영된 실사 파노라마 영상을 구글의 카드보드나 삼성의 기어 VR 같은 휴대형 HMD를 사용하여 감상하는 가상현실 콘텐츠 제시 기술이 보편화되어 있다. 인간의 눈은 110도 내외의 시야각을 가지고 사물을 인식하며 눈동자를 이동하여 좌우로 최대 220도, 상하로는 90도까지 시야각을 확장시킬 수 있다. 이러한 시야각을 충족하는 VR 콘텐츠는 체험자의 몰입감이 증가하여 시각적 체험이 실제 경험처럼 인지되는 데 중요한 역할을 한다. 따라서 VR 사용자에게 '360도 파노라마' 콘텐츠를 제공하면 촬영 당시의 공간 정보를 그대로 전

360 자유 시점 구면 영상 재구성: 특정점 매칭 및 워핑(Warping) 영상

출처: ETRI

달 받아서 마치 실제 공간 속의 주인공 같은 느낌을 제공할 수 있게 된다. 물론 HMD를 착용하고 머리를 회전하거나 몸을 이동해도 체험자의 위치 및 방향에 연동하여 VR 파노라마 콘텐츠가 사용자 시점에 맞게 가시화된다.

이러한 360도 파노라마 영상 제작 기술은 여러 개의 카메라로 촬영된 영상을 하나의 영상으로 보이게 처리해주는 '스티칭' 기술이 필요하다. 이 기술은 각각의 카메라에서 촬영된 영상 소스를 이용하여 정해진 시야각과 화면 크기 기준을 가지고 초점 거리와 왜곡률을 보정하고, 여러 개의 카메라에 촬영된 영상 소스를 이어 붙이는 기술이다. 이때 각각의 영상의 제일 가장자리에 촬영된 이미지의 색상 정보, 위치, 각도가 다음에 위치하는 영상의 가장자리 이미지와 일치해야 하고, 카메라의 성능 차로 구현되는 이미지의 선예도(線銳度)나 피사체의 수직·수평 라인을 일치시켜 보정하는 것이 필요하다. 과거에는 촬영된 각각의 소스를 스티칭을 전문으로 하는 그래픽 소프트웨어나 영상처리언어(비전 기술)를 응용하여 처리했었다. 최근에는 촬영과 동시에 스티칭이 자동으로 이루어지는 기술이 개발되어 있고, 고해상도 이미지를 취득하기 위해 정해진 각도에서 여러 개의 카메라를 고정하여 촬영한 후 후반 작업을 통해 스티칭 기술을 적용시키는 방법과, 편리함을 위하여 굴절률이 높은 초광각 렌즈를 앞뒤로 고정하여 360도 영상을 한 카메라에서 취득하는 방법이 널리 사용되고 있다.

이렇게 제작된 360도 파노라마 영상은 휴대용 HMD에서 재생되는 파일 형식으로 변환되거나 인터넷 스트리밍으로 전송되어 스마트폰 같은 미디어 기기에서 재생이 필요하므로 스마트폰에 내장된 위치 센서(자이로 센서)와 결합하여 HMD를 착용한 체험자가 마치 촬영된 장소에 있는 것처럼 제어가 필요하다. 최근에는 상호작용이 어렵다는 단점을 보완하여 360도 파노라마 영상과 컴퓨터 그래픽 기술을 복합적으로 사용한 혼합현실(MR) 단계로 발전되고 있다. 또한 360도 파노라마 영상의 깊이 값까지 촬영되는 카메라를 이용하여 특정 지점에서 촬영한 영상만으로 체험자가 원하는 시점으로 이동이 가능한 임의 시점 영상을 제작하는 기술에 이르기까지 발전되고 있다.

❹ 체험형 사용자 추출 및 가상 아바타 생성 기술

체험형 사용자 추출 기술은 사용자 영상 분할(image segmentation) 기술을 통해 이루어진다. 이러한 가상현실에서 사람의 실사 영상이 함께 나타나는 응용 시스템 개발을 위해서는 먼저 카메라 장비로부터 취득되는 데이터에 영상 분할 기술을 적용하여 사용자 영상을 실시간으로 추출하고, 추출된 사용자 영상을 가상공간에 합성하는 기술이 필요하다.

예를 들면 카메라를 이용한 사용자 영상 추출은 스크린 앞에 사용자를 바라보게 설치된 한 대의 키넥트에서 얻어지는 컬러 및 깊이 프레임 영상을 가지고 처

단일 카메라 기반 영상 분할 시스템 예

출처 : ETRI

리한다. 깊이 프레임 영상으로부터 사용자 전신 영역(mask)에 해당하는 영상 객체들을 추출하고, 공간 필터링을 적용한다. 그리고 사용자 전신 영역의 외곽선 노이즈 픽셀을 최소화하고, 동적인 사용자 영역의 외곽선 떨림을 보정하기 위해 벡터화(vectorization) 과정을 진행한다. 그다음 결과 영상을 가상공간에 합성한 후 사용자의 동작을 인식해 가상의 객체와 실제 사용자 간의 상호작용이 가능한 시스템을 구현한다.

　최근에는 깊이를 측정하는 다수의 깊이 카메라를 이용한 영상 추출에 대한 연구와 개발이 활발히 진행되고 있다. 사용자 영상 추출은 스크린 앞에 서 있는 사용자를 다수의 다른 각도에서 바라보게 설치된 3대 이상의 키넥트에서 얻어지는 컬러 및 깊이 프레임 영상을 동시에 처리하면서 시작된다. 각 키넥트들은 서로 다른 한 대의 연산처리 장치(PC, 노트북 등)에 각기 연결되어 획득된 컬러 및

다중 키넥트 기반 사용자 영상 분할을 위한 시스템 구축 환경

공유기 및 데스크톱 PC

랩톱 PC

키넥트

출처 : ETRI

깊이 프레임 영상을 서버로 전송하는 클라이언트 개체의 역할을 수행한다. 이러한 서버-클라이언트 환경에서 모든 기기는 네트워크에 연결되고 세 대의 PC 장치(데스크톱 PC, 랩톱 PC 등), 한 대의 무선 공유기를 이용하여 실세계 3차원 공간 영상 복원을 이용한 사용자 영상 분할 과정을 수행한다. 이때 클라이언트 개체 수에 대한 제한은 없으나 개체 수가 많아질수록 처리 속도가 늦어지면서 실시간성이 떨어지고, 클라이언트 개체로부터 전송된 프레임 영상을 수신하는 기기는 사용자 및 배경 공간에 대한 3차원 영상 생성에 필요한 모든 연산처리를 수행하는 제어 서버가 된다.

좀 더 자세히 살펴보면 다수의 키넥트에서 얻어진 컬러 및 깊이 프레임 영상 간의 캘리브레이션(calibration)을 통한 3차원 영상을 생성하고, 마커의 위치 검출을 통한 3차원 영상과 실세계 좌표 체계와의 자동 캘리브레이션을 수행한다. 이를 통해 카메라 공간의 3차원 영상은 실세계 영상으로 재복원되며, 복원된 3차원 영상은 TCP/IP 통신을 통해 다중 키넥트 기기에서 제어 서버로 전송하게 된다. 이때 수신한 여러 개의 3차원 영상을 하나의 공간 영역에 출력하고, 영상 왜곡 등의 개선을 위해 ICP(Iterative Closest Point) 등과 같은 알고리즘을 적용하여 3차원 공간 복원 성능을 개선한다. 복원된 공간 영상에서 사용자 영역만을 추출하여 가상의 배경 영상에 합성함으로써 가상 체험형 시스템을 구축하게 된다.

사용자를 추출하기 위한 영상 분할 기술뿐만 아니라 가상현실에서 사용되는 아바타 제작 기술은 카메라 입력 장치를 통해 분석한 체험자의 특징이나 외형을 가상 세계에 반영하고, 체험자의 동작을 인식하여 가상 세계의 캐릭터에게 동작이나 성격을 부여한다. 또한 가상현실 콘텐츠 시나리오와 연계된 다양한 상호작용을 지원하여 가상의 경험을 아바타를 통해 제공하는 기술이라고 설명할 수 있다. 최근 페이스북에서 발표한 VR SNS 기술을 직접 체험해보면 알 수 있듯이, HMD를 착용한 상태에서 페이스북 스페이스에 접속하면 사용자의 특징을 반영하거나, 사용자가 직접 제작한 아바타가 사용자를 대신하여 페이스북에 접속한 친구들과 셀피를 찍고, 실제 방문하고 있는 여행지나 카페의 환경을 실시간으로 교류할 수 있게 되었다.

이렇게 가상의 아바타를 생성하거나 사용자를 인식하여 체형이나 성격, 움직임을 가상 세계에 똑같이 반영시키려면 정밀한 사용자 인식 기술이 필요하다. 키넥트 같은 공간 인식 센서를 통해 사용자의 위치를 파악하여 가상 세계의 한 지점

다중 키넥트 환경에서 마커 위치 검출을 통한 3차원 영상과 실세계 좌표 체계와의 자동 캘리브레이션 기술

출처 : ETRI

에 위치시키거나, 체험자의 동작을 인식하여 아바타의 동작과 일치시킬 때에는 아바타가 체험자의 특징점을 찾아내어 전신 모션에 적용시킬 수 있는 기술도 필요하다. 또한 서로 다른 공간에 위치하는 아바타 캐릭터들이 서로 같은 곳을 바라보며 대화할 수 있게 해주는 시점 반영 기반 그룹 대화형 의도 인식 기술 등도 필요하다. 우리가 평소에 스마트폰이나 화상 카메라를 이용하여 원격회의를 진행할 때 카메라의 위치 및 시점으로 인해 상대방과 눈을 마주칠 수 없는 상황을 알고 있을 것이다. 이런 어색한 상황을 극복하는 정면 인식 기술의 개발도 필요하다. 그리고 체험자의 목소리와 입 모양을 아바타 캐릭터에 실시간으로 반영하는 립싱크 기술, 자연스러운 눈 깜빡임과 시선 처리 및 감정과 의도를 인식하는 기술 등도 아바타 제작 기술에 있어 필수적인 요소다. 여기에 HMD 장비를 착용할 때 가려지는 부분을 자동으로 예측하고 복원시키는 기술과 실제와 같은 캐릭터일수록 어색하게 느껴지는 것을 극복하는 방법들도 지속적으로 연구되고 있다.

　아바타 기술은 인종, 성별, 나이 등의 장벽이나 차별을 극복시켜주고, 인간의 감정을 유지하여 가상 세계와 현실 세계를 연결시켜주는 역할을 할 수 있기 때문에 향후 AI 기술과 접목되어 상담교사 및 치료의 역할까지도 확장될 수 있을 것으로 본다. 또한 테마파크 같은 특정한 환경을 위한 인터랙션 체험 콘텐츠에서 체험자의 특징을 반영하거나, 테마파크 콘텐츠를 안내해줄 수 있는 기능도 부여될 수 있을 것이다.

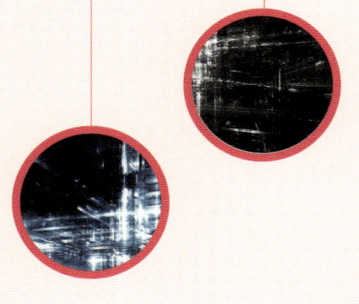

03 AR의 주요 요소 기술

센싱 및 트래킹 기술

증강현실은 이미지 영상에서 특징점을 추출하고, 추출된 특징점을 레퍼런스 DB 데이터와 비교를 통해 (사용자에게 정확한 AR 영상을 합성하여 보여주기 위한) 카메라의 위치를 트래킹하는 방식으로 진행된다. 이처럼 증강현실에서의 위치 추적을 위해서는 레퍼런스 DB 데이터가 필요한데, 일반적으로 많이 사용되는 레퍼런스 DB 데이터는 마커 데이터이다.

최초의 증강현실 연구에서는 마커 패턴을 이용하여 코너점을 추출하고, 마커 위에 가상의 물체를 합성하는 방식이 주로 진행되었다면, 최근에는 마커 이미지를 사용하지 않는 '현실 객체 인식 기반 AR 기술'이 소개되고 있다. 현실 객체 인식 기반 증강현실을 위해서는 현실 객체에 대한 레퍼런스 DB 데이터가 필요하다. 현실 객체에 대한 레퍼런스 DB 데이터에도 마커를 사용한 레퍼런스 DB 데이터와 마찬가지로 이미지 데이터에서 추출한 특징점에 대한 3차원 위치 값이 들어 있다.

이미지 특징점 추출 및 결과

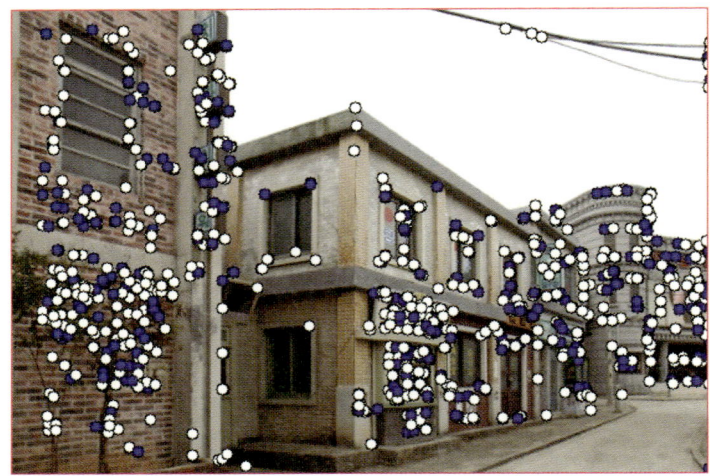

출처 : ETRI

이러한 현실 객체를 사용한 증강현실의 경우 현실 객체 영상에서 추출된 특징점의 3차원 위치 값 계산을 위해 추출된 특징점을 일정 시간 추적한 후, 두 영상(초기 추적 영상, 마지막 추적 영상)에서 공통으로 취득한 특징점에 대해 계산 과정을 적용하여 카메라의 3차원 위치 값을 계산한다.

간략하게 정리하자면 현실 세계의 특징점들을 카메라를 통해 추출하고, 이를 이용하여 카메라의 위치를 계산하고, 카메라의 위치를 기반으로 가상의 물체를 정합하면 사용자는 현실 세계의 원하는 위치에 결합된 AR 콘텐츠를 볼 수 있게 된다.

현실 객체(왼쪽 그림)와 현실 객체 코너점에 대한 3차원 위치 값(오른쪽 그림)

출처 : ETRI

영상 합성 기술

AR 디스플레이 기술

영상 합성은 실제 환경의 이미지에 가상의 물체를 합성하는 소프트웨어 기술과, 실제 환경과 가상의 물체를 합성된 결과를 사용자에게 제공하는 하드웨어 기술로 구분될 수 있다. 먼저 증강현실 가시화를 위한 디스플레이 하드웨어에 대해 살펴보겠다. 2015년 마이크로소프트가 공개한 홀로렌즈는 AR 헤드셋으로 증강현실용 플랫폼으로서 눈앞에 비춰지는 현실 세계 위에 홀로그램 같은 영상을 배치하고, 제스처와 음성 인식, 게임 패드를 이용한 인터페이스 환경을 지원하고 있다. 하지만 컴퓨터 기능이 모두 헤드셋 장치에 들어가 있기 때문에 헤드셋이 다소 무겁다는 단점과 아직은 부족한 시야각의 한계를 가지고 있다. 이러한 홀로렌즈와 같은 기기는 사용자의 눈으로 외부 환경을 직접 보는 것과 동시에 눈앞의 렌즈에 투사된 가상 이미지를 겹쳐서 증강하여 볼 수 있으므로 '광학식-시스루(Optical

광학식-시스루 AR HMD

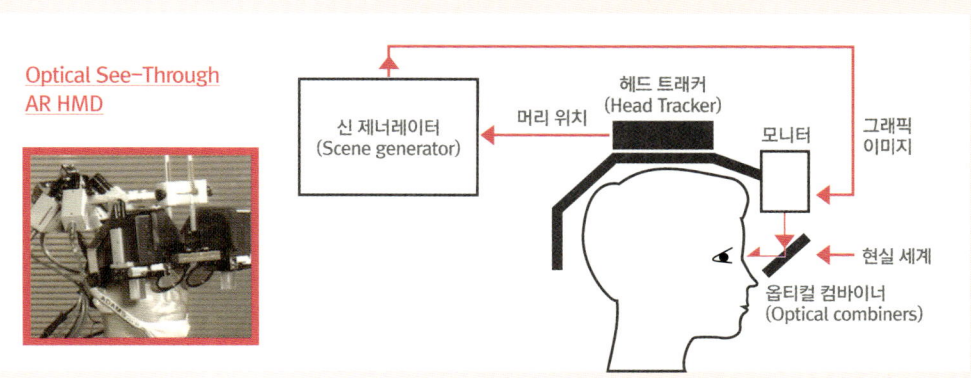

Optical See-Through AR HMD

프로젝션 AR 시스템

출처 : ETRI

See-Through) AR HMD'라고 명명하고 있다.

또한 '비디오-시스루 AR HMD'는 VR HMD와 비슷하나 촬영된 카메라 영상을 이용하여 실제 환경의 영상을 촬영하고, 이 영상 위에 가상 이미지를 겹치는 방식으로 사용자에게 제공한다.

또 다른 AR 가시화 방법은 프로젝터를 이용한 영상 프로젝션 방식으로, AR HMD와 다르게 개인용 디스플레이를 가지고 있지 않더라도 여러 사람들이 함께 AR 콘텐츠를 즐길 수 있다. 프로젝션 기반의 증강현실에서는 벽이나 실제 물체의 표면에 빛을 투사하여 이미지를 보여주는 방식이므로, 투사면이 평면이 아니거나 사용자 시점에서 정면이 아닌 경우 기하학적 왜곡이 발생할 수 있다. 이때의 기하학적 왜곡은 기하 변환 행렬을 이용하여 보정될 수 있다. 또한 투사된 영상의 색상은 투사면의 색상, 프로젝터의 컬러 특성, 주변 조명 환경의 색상 등에 의해 컬러 왜곡이 발생할 수 있으므로 이를 완화하기 위한 광학 보상 방법들이 필요하다.

실시간 AR 상호작용 기술

증강현실은 실제 현실 환경에 가상 객체가 정합되어 표현되기 때문에 사용자가 존재하는 모든 실제 공간을 제시할 필요는 없다. 예를 들면 대표적 AR 게임인 '포켓몬Go'와 같은 경우 디스플레이 크기가 작은 스마트폰 화면 위에 포켓몬으로 불리는 가상 객체가 표현되므로 게임을 저작할 때 포켓몬이 화면에 나타날 위치나 어떻게 움직일지 등에 대해 정의하면 된다.

하지만 AR 환경이 현실 세계와 상호작용해야 한다면 VR과는 다르게 많은 처리가 필요하다. 예를 들어 포켓몬이 현실 세계의 건물 뒤에 숨어야 한다면, 현실 세계의 건물 모델링 데이터, 사용자로부터 건물에 이르는 거리 정보가 필요할 것이다. AR 개발 툴은 카메라를 통해 입력되는 영상 분석을 통해 포켓몬이 건물에 가려져야 하는지 등을 지속적으로 비교하는 역할을 수행하여 포켓몬의 가려짐 영역 등을 정의하고, 정확하게 AR 정합을 수행할 수 있도록 해야 한다.

ETRI의 모바일 AR 게임 '한밭섬의 보물' 스크린샷(왼쪽 그림)과 3차원 공간 인식 AR 게임 예(오른쪽 그림)

출처 : ETRI

여기서 정합되어 증강된 AR 객체를 상호작용하는 경우는 어떤 증강현실 장치를 사용자가 사용하는가에 따라 달라질 수 있다. 스마트폰을 사용하는 경우는 상호작용을 주로 터치 인터랙션 또는 스마트폰의 센서(예컨대 자이로 센서)를 연동하여 할 수 있고, 홀로렌즈와 같은 안경형 장치를 사용하는 경우는 사용자의 손동작 또는 전신 동작을 이용하여 상호작용하는 방법으로 AR 객체를 제어할 수 있다.

… 4장

ETRI의
가상현실 콘텐츠
제작 사례

01
디지털 테마파크 VR 콘텐츠

가상 사파리(Virtual Safari)

가상 사파리는 ETRI의 '실감 체험 공간 확장형 라이브4D(Live4D) 콘텐츠 플랫폼 기술 개발' 과제의 시범 콘텐츠 연구 결과물이다. 가상 사파리는 바로 눈앞에서 동물들과 교감하며 실제와 같은 사파리 여행 경험을 전달해주는 가상현실 체험 콘텐츠 기술을 목표로 개발되었다.

가상 사파리의 주요 특징은 가상공간을 이동하여 동물들과 직접 상호작용할 수 있는 체험 시나리오를 제공하고, 사용자의 손동작을 기반으로 하는 동작 인식 기술과 인터랙션 기술을 모션 플랫폼 시스템과 결합하여 몰입 체험 효과를 극대화시켰다는 점이다. 가상 사파리 콘텐츠를 통해 사용자는 마치 사파리카에 탑승하여 초원을 누비면서 야생동물들과 상호작용하는 것과 같은 실감 체험이 가능하게 되었다.

가상 사파리는 사용자가 가상공간에 진입한 후 주요 장소로 이동할 때마다 동

가상 사파리 시스템

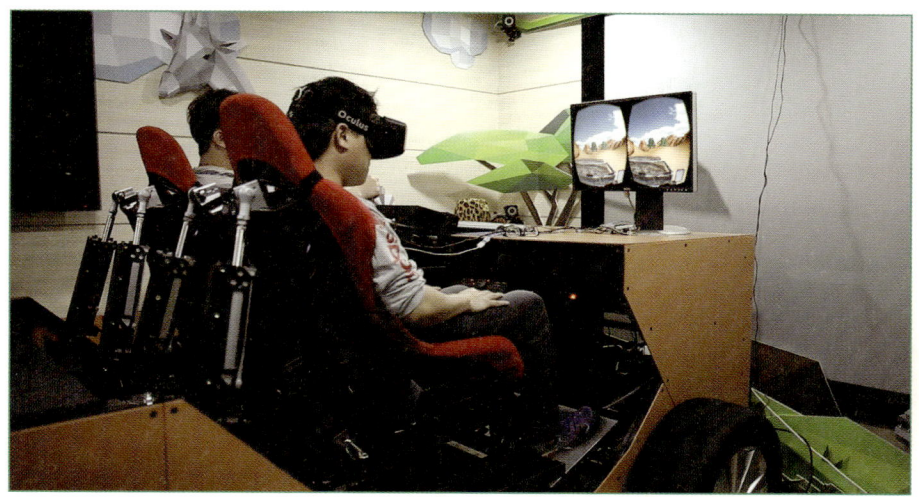

출처 : ETRI

물과 상호작용하고, 특수 효과를 체험할 수 있는 이벤트 지점을 지나 최종 목적지에 도착하는 가상 여행 체험 시나리오로 진행된다. 이 시스템 개발 초기에는 체험자가 울창한 숲속을 걸어서 이동하는 콘셉트였으나, 이후에 좀 더 극적인 체험을 전달하기 위해 차량형 모션 플랫폼 장치에 탑승하여 이동하는 형태로 발전시켰다.

대표적인 체험 시나리오는 기린에게 먹이 주기, 코끼리의 코에서 뿜어져 나온 물을 닦아 내기, 원숭이와 악수하기, 앵무새와 사진 찍기, 버펄로 떼의 습격을 피해 운전하기, 표범 피하기, 반딧불 모으기 등으로 구성되어 있다. 이 시나리오를 구현하기 위해 사용자 시점 연동형 고정밀 양손·손가락 행동 검출 및 추적(전 방향 시점 반영, 0.1m~1m 사용자 행동 추적, 손가락 모션 추적 가능)이 가능한 상황 기반 제스처 상호작용(9가지의 손가락 행동 인식 기능 탑재), 착용형 가시화 장치 기반

초기 가상 사파리 콘셉트 디자인 및 시스템 구성도

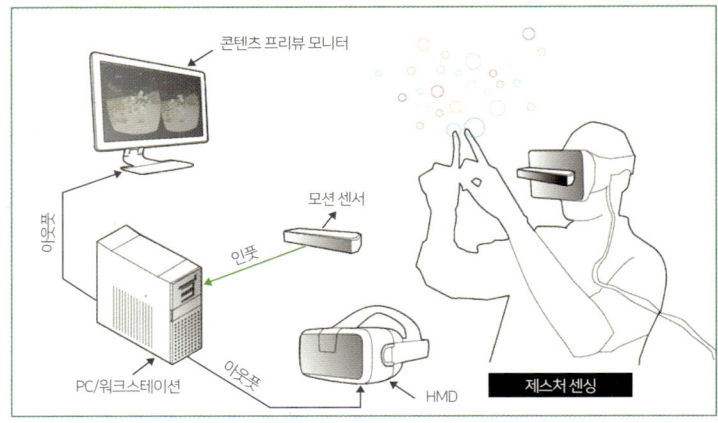

출처 : ETRI

가상 사파리 체험(상호작용) 장면

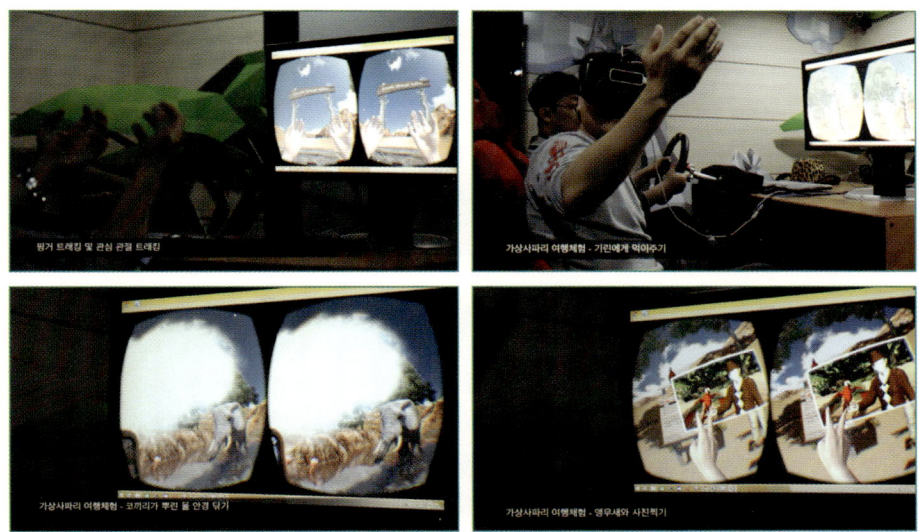

출처 : ETRI

의 가상 여행 콘텐츠 체험 서비스(고품질 3D 동물 모델 DB, 광시야각 착용형 HMD 지원), 자연스러운 동작 제스처 모션(먹이 주기, 악수하기, 손짓하기) 등의 기술이 적용된다.

　가상 사파리는 휴먼 관절 기반의 인터랙션이 적용된 모션 플랫폼 및 모바일형 기기와 연동될 수 있도록 설계되었다. 이 기술이 적용될 시스템에서는 다수의 인원이 탑승할 수 있는 라이드형 모션 플랫폼(2인 지원)의 연동이 가능하며, 방향이 무관한 관절 트래킹 기술을 개발하여 깊이 카메라로 얻어진 스켈레톤(skeleton) 정보들을 규격화된 방향, 위치, 크기로 정규화해 방향에 상관없는 스켈레톤을 만들었다. 개발 수준은 좌우 90도까지 에러 범위 ±10도 안에서 정확도 95퍼센트 이상으로 정규화가 가능하고, 최소 3단계에서 최대 6단계까지의 메뉴를 선택할 수 있으며, 동작 속도는 30fps(frame per second) 이상을 실현시켰다. 여기에 가

객체 인식 및 손가락 제스처 개발 과정

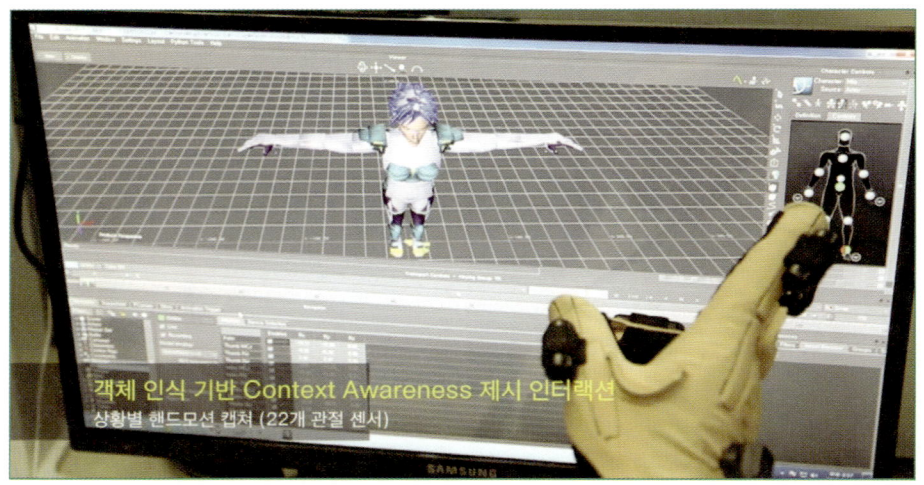

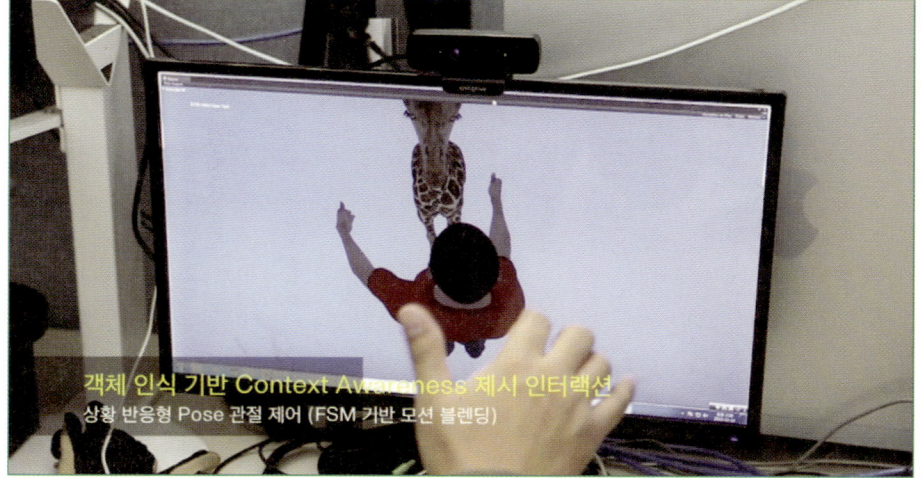

출처 : ETRI

상현실 엔진에서 차량의 데이터를 구체화하여 표현할 수 있도록 모션 플랫폼에 핸들, 페달 등의 입력 장치를 설치해 제어하고 소프트웨어에서 차량의 움직임을 구현했다. 차량의 움직임을 텔레메트리(telemetry) 정보로 추출하여 모션 제어 소프트웨어를 거쳐 컨트롤러를 통해 액추에이터에 전달하고 그 값을 모션 플랫폼에 적용해 작동시킬 수 있도록 설계했다.

앞에서도 언급했듯이 가상 사파리는 기존의 사용자 양손·손가락 행동 검출 및 추적 기술과 동작 인식 기술을 ETRI의 독자적인 기술로 발전시켜 더욱 자연스럽고 실제에 가까운 체험이 가능하도록 정확도와 인식률을 높였다. 또한 다양한 상황에 따른 자연스러운 동작 인식 기술을 모션 플랫폼에 적용하여 체감형 인터랙션 기술 수준을 한 단계 끌어올렸다는 평가를 받고 있다. 이 기술은 향후 양방향 4D 라이더를 이용한 4D 체험관, 실내 디지털 테마파크 등과 같이 다양한 분야에 폭넓게 활용될 수 있을 것으로 본다.

가상 사파리 시스템 개요

기술 개요	• 가상현실 환경에서 다양한 동물들과 상호작용을 통해 교감할 수 있는 가상 사파리 체험 콘텐츠 기술
기술 특징	• 양손·손가락 행동 검출 및 추적 • 손 속도·가속도·방향 등의 움직임 특징 추출 • 가상 체험용 제스처 인식(먹이 주기, 안경 닦기, 악수하기, 모으기 등)
응용 분야	• 고정밀 양손·손가락 검출 및 추적 • 제스처 기반의 다자 간 상호작용 • 착용형 가시화 장치 기반의 가상 여행 콘텐츠 체험 시스템
용어 설명	• 착용형 가시화 장치 : 사용자의 머리에 헤드셋을 착용하고 머리의 움직임을 감지하여 해당 방향으로 넓은 시야의 영상을 제공하는 디스플레이 장치 • 가상 여행 콘텐츠 : 원거리 세계 여행, 고대 문화 유적지 방문 등 시공간을 초월한 가상현실 체험 콘텐츠

가상 패러글라이딩 시스템 에어글라이더
(Virtual Paragliding System AirGlider)

　가상 패러글라이딩 시스템 에어글라이더(이하 '에어글라이더')는 ETRI의 '실감 체험 공간 확장형 라이브4D 콘텐츠 플랫폼 기술 개발' 과제의 시범 콘텐츠 연구 결과물이다. 에어글라이더는 패러글라이딩을 모티브로 탁 트인 시야와 정밀한 콘텐츠 연동을 통해 상공을 떠다니거나 조종하는 느낌을 주는 실감 체감형 가상현실 시스템이다.

　에어글라이더의 주요 특징은 이를테면 2018년 동계올림픽 장소인 평창 일대를 360도 파노라믹 입체 콘텐츠로 복원하여 HMD를 통해 전 방향 고화질 영상을 제공한다는 점이다. 아울러 가상현실 콘텐츠와 상호작용이 가능한 인터랙티브 콘텐츠 기반 모션 체험을 가능하게 해준다.

가상 패러글라이딩 시스템 에어글라이더

바람 효과

6자유도 모션

손잡이 제어

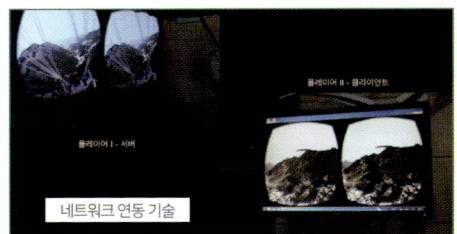
네트워크 연동 기술

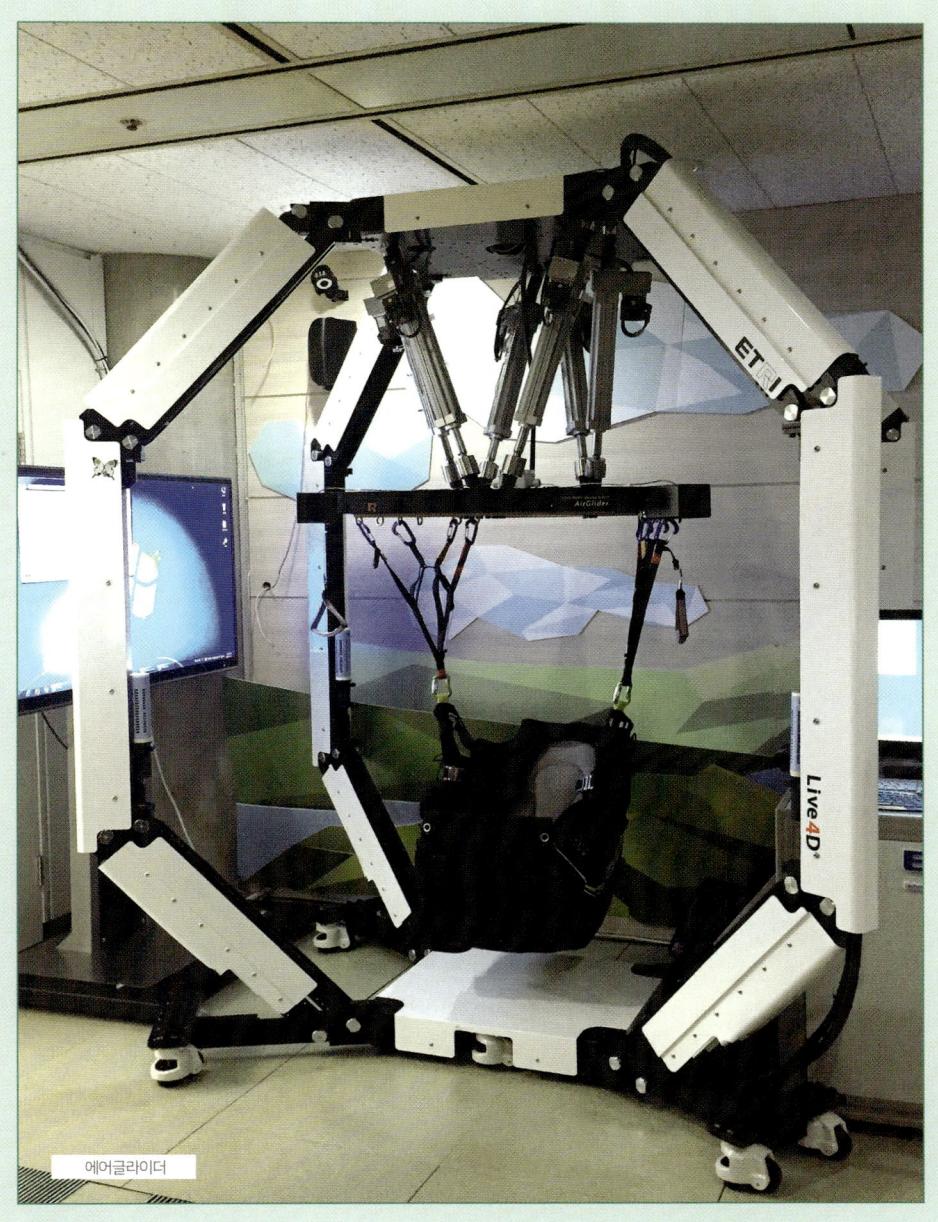
에어글라이더

출처: ETRI

에어글라이더는 하늘을 날고 싶은 꿈을 실내에서 구현할 수 있도록 구성한 장치로 두 발이 공중에 떠 있는 느낌을 갖게 하는 부유감 기술을 제공한다. 또한 모션 플랫폼과 연동되어 좌우상하, 뒤쪽까지 360도 전 방향에 대해 사용자의 위치와 방향에 맞추어 영상이 제공된다. 이 영상을 위해 강원도 평창 및 동해안 일대를 360도 입체 헬리캠으로 촬영했고, 360도 스티칭 기술을 이용하여 VR 파노라믹 입체영상으로 구현했다. 또한 컴퓨터그래픽 기술로 3D 지형 및 올림픽 경기장을 모델링했으며, VR 엔진을 이용하여 가시화했다.

　에어글라이더는 패러글라이딩 손잡이 조작, 사용자의 앉은 자세 추적에 따른 동기화된 영상과 조작감, 영상에 따른 4D 바람, 음향 효과를 통한 실감 패러글라이딩 가상 비행을 체험할 수 있다. 사용자가 하네스(harness)에 탑승하여 광시야각 HMD를 착용하면 사용자의 방향, 위치에 따라 동기화된 360도 영상을 제공하여 실제 상공에서 패러글라이딩을 하는 듯한 체험을 가능하게 해준다. 여

평창 상공 360도 입체 헬리캠 촬영　　　　　　　　　　　　　　　　　　　　출처 : ETRI

360도 파노라믹 영상 재구성 기술

컴퓨터그래픽 기술을 이용한 3D 지형 복원 및 VR 엔진 가시화

출처 : ETRI

기에 멀티 체험이 가능한 가상현실 콘텐츠 플랫폼을 제공하여 원격지에서 접속한 다수의 체험자들이 상대방의 위치 및 방향을 인지하고 경주형 플레이를 할 수 있도록 했다.

향후에는 360도 파노라믹 영상으로 촬영한 국내외의 대표적인 여행지를 가상현실 패러글라이딩 콘텐츠로 복원 후, 가상 여행 체험 서비스와 같은 분야에 활용할 수 있을 것으로 기대된다.

가상 패러글라이딩 시스템 에어글라이더 개요

기술 개요	• 사용자의 위치, 방향에 따라 광시야각 HMD에 펼쳐지는 360도 영상과 바람, 음향 등의 4D 효과를 동반하여 하늘을 나는 듯한 느낌을 구현하는 실내 패러글라이딩 시스템
기술 특징	• 실제 패러글라이딩 장비와 바람 효과, 음향 효과 장치를 장착 • 패러글라이딩을 하는 듯한 임장감, 실감 체험 효과를 극대화 • 손잡이 제어, 6자유도 로봇 암, 머리 방향 추적 센서 부착 • 사용자의 위치, 방향의 영상을 360도 전 방향으로 실시간 제공
응용 분야	• 엔터테인먼트 : 실내에서 즐기는 패러글라이딩 체험 • 교육 훈련 : 체계적인 지상 패러글라이딩 교육 훈련 • 홍보, 관광 : 지역 랜드마크 및 유명 자연 경관 홍보
용어 설명	• 4D : 3D 입체영상에 바람, 모션 등의 특수 효과를 더하여 좀 더 실감 나는 콘텐츠를 제공하기 위한 기법

가상 롤러코스터(Virtual Coaster)

가상 롤러코스터는 ETRI의 '원격 사용자 동시 참여 및 경험이 가능한 인스턴트 3D 객체 기반 몰입형 조인 앤 조이(Join & Joy) 콘텐츠 기술 개발' 과제의 시범 콘텐츠 연구 결과물이다. 가상 롤러코스터는 한정된 공간에서 다이내믹하고 모듈화된 이동 레일 모션 플랫폼의 위치 및 자세를 센싱할 수 있는 VR 어트랙션 콘텐츠 기술을 개발하는 것을 목표로 제작되었다.

가상 롤러코스터의 주요 특징은 실제 레일 위의 차량 이동에 따른 가상 환경을 동일하게 일치시키고, 가상 환경과 상호작용할 수 있는 실제 객체를 레일의 이동 경로 공간에 배치하여 실제 및 가상공간이 공존하는 듯한 극적인 체험을 제공한다는 것이다. 이런 체험을 구현하기 위해 실제와 가상의 어트랙션 기구를 정확하

초기 가상 롤러코스터 시스템 구성도 및 가상 롤러코스터 체험 장면

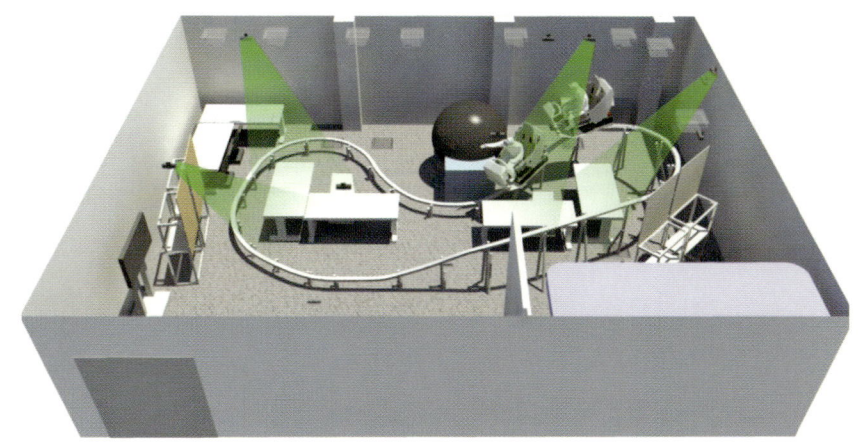

출처 : ETRI

게 일치시키는 실제-가상 간 트래킹 및 동기화 기술이 적용되었다. 이 기술을 통해 가상-실제 객체 간의 이질감 없는 실감 체감형 인터랙션과 도심형 실내 테마파크에 최적화된 HMD 착용형 VR 어트랙션을 구현할 수 있다.

가상 롤러코스터의 콘텐츠 구성은 체험자가 레일 기구에 탑승하여 회전 이동하는 동안 같은 지점으로 돌아오더라도 가상공간에서는 이미 다른 공간이 생성되는 인피니트 스페이스(Infinite Space) 기법으로 제작되었다. 이렇게 구성된 가상 환경은 실제 크기와 상관없이 무한한 차원으로 확장될 수 있어 한정된 도심형 테마파크 공간 안에서 최적화된 이동 경로로 설계된 다양한 체험 콘텐츠를 사용자에게 제공할 수 있다.

가상 롤러코스터의 레일 기구에 탑승하여 HMD를 착용하면 중국의 대표적인 랜드마크와 판타지를 결합한 시나리오를 체험하게 된다. 만리장성을 이동하는 동안 용과 대면하기, 거대 불상의 공격에 대응하기(외부 공간의 체험자가 제어), 거대 물고기에게 먹이 주기, 붓글씨 미션에 도전하기, 병마용과 상호작용하기 등으로 구성되어 있다.

레일 이동 및 콘텐츠 체험 장면

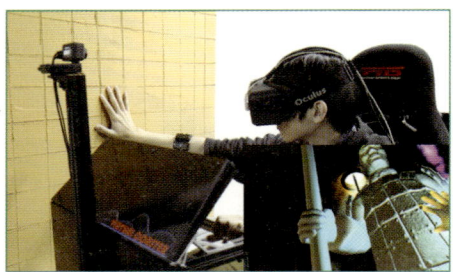

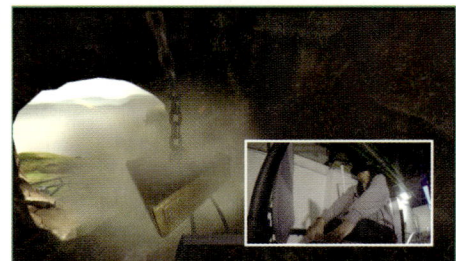

출처 : ETRI

모션 센서의 실시간 경로 파악 및 콘텐츠 동기화 기술

출처 : ETRI

이 시나리오를 구현하기 위해서는 아바타 기반 어트랙션 콘텐츠 인터랙션 기술, 어트랙션 기구 제어 및 실제-가상공간 동기화 기술, 원격 홀로포테이션(Holoportation : 멀리 떨어져 있는 사람과 실시간으로 함께 있는 것처럼 의사소통할 수 있는 기술) 기술, 가상-실제 객체 간 심리스(seamless) 실감 체험형 인터랙션 기술 등의 세부적인 기술이 적용되어야 한다.

아바타 기반 어트랙션 콘텐츠 기술은 레일 콘텐츠 내에 표현된 가상의 캐릭터와 상호작용하는 플랫폼 환경을 지원하며 깊이 카메라로 습득한 외부 체험자의 자세 및 크기 데이터를 분석한 후, 가상공간에 존재하는 아바타와 연동시켜 외부 체험자와 같은 동작으로 움직이게 만들어준다. 어트랙션 기구 제어 및 실제-가상 동기화 기술은 레일 차량의 상부에 소형 모션 플랫폼이 결합된 새로운 차원의 어트랙션 기구가 이동 중인 구동부 위에서 콘텐츠와 동기화된 독립적인 움직임의 모션 플랫폼 제어가 가능할 수 있도록 구현해주는 기술이다. 원격 홀로포테이션 기술은 외부 또는 원격 체험자의 외형 및 동작 데이터를 콘텐츠 내부로 전송하여 시각화시키고 탑승자와 상호작용이 가능한 체험 환경을 제공해주는 기술이다. 가상-실제 객체 간 심리스 실감 체감형 인터랙션 기술은 HMD를 통해 보이는 가상의 환경 및 객체들을 실제 공간에도 실물 제작 및 배치하여 체험자가 상호작용할 수 있게 해주는 실감적 체험 환경 기술이다.

가상 롤러코스터는 향후 도심의 실내 공간에 집적화된 새로운 형태의 VR 어트랙션 테마파크에 적용 가능할 것이다. 또한 멀리 떨어져 있는 그룹이나 가족이 네트워크를 통해 협업할 수 있는 원격형 오락 및 레저 중심의 놀이 공간에 적용이 가능할 것으로 예상된다. 여기에 관광 지역과 국내외 문화 행사에서 다양한 콘텐츠

가상-실제 객체 간 심리스 실감 체험형 인터랙션 기술

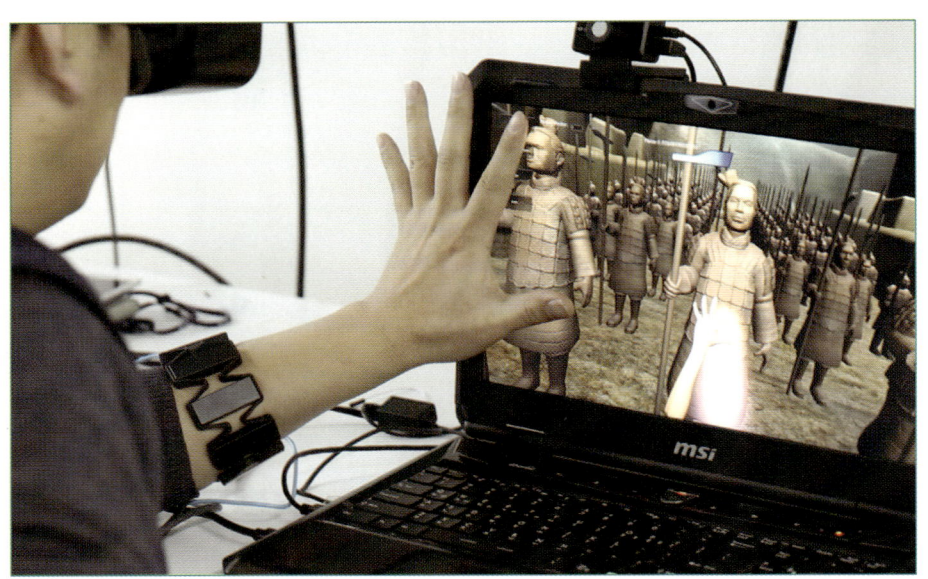

출처 : ETRI

가상 롤러코스터 시스템 개요

기술 개요	• 도심형 실내 테마파크와 같은 한정된 공간에 최적화된 소형 레일 기반의 VR 어트랙션 (중국 판타지 역사물 체험 등) 시스템
기술 특징	• 실측 가상공간 구성 및 임의 시점 영상 생성 • 모션 반응 기반의 햅틱 피드백 기술 • 상황 정보 기반의 아바타 변형 기술
응용 분야	• 실내 디지털 테마파크, 게임 파크, 키즈 파크 • 4D 가상 체험관 및 전시 홍보관
용어 설명	• 실측 가상공간 구성 : 실내 공간에 다중 센서를 설치하고, 센서로 입력되는 영상들을 상호 연결하여 3D 공간을 구성하는 기술

를 체험할 수 있도록 손쉽게 재구성 및 이동이 가능한 저작도구를 제공하여 홍보 시스템, 역사 및 기술 교육과 같이 현장 상황의 재현이 필요한 실감 체험 교육 시스템에도 적용이 가능하다.

번개 펀치(Thunder Punch)

번개 펀치 시스템은 ETRI의 '원격 사용자 동시 참여 및 경험이 가능한 인스턴트 3D 객체 기반 몰입형 조인 앤 조이(Join & Joy) 콘텐츠 기술 개발' 과제의 시범 콘텐츠 연구 결과물이다. 번개 펀치는 곡선형의 대형 L자형 스크린에 키넥트 센서의 깊이 정보를 이용한 프로젝션 정밀 조정 기능과 에지 블렌딩(edge blending) 기능을 적용하여 몰입 가시화 가상 체험 환경을 제공하는 것을 목표로 개발되었다.

번개 펀치 시스템의 주요 특징은 깊이 정보를 이용하여 다수 영상 투사에 의해

번개 펀치 시스템

출처 : ETRI

발생되는 시각적 몰입 저하 요인을 줄여주는 영상 조정 기능을 가지고 있다는 점이다. 이 시스템은 체험자의 팔 상단에 동적인 프로젝션 매핑 기술을 활용하여 체험자가 펀칭할 때 마치 체험자의 팔에서 가상의 번개 공격이 발사되도록 연출이 가능하다. 즉 번개 펀치는 펀칭 동작으로 가상 객체를 슈팅하는 가상 슈팅 체험 게임으로, 가상현실 엔진을 이용하여 설계되었으며 체험 장면을 3D 저작도구를 이용하여 사전에 시각화했다.

가상 슈팅 콘텐츠인 번개 펀치의 기본 배경은 잃어버린 보석을 추리하여 찾아내는 셜록 홈즈 소설에서 모티브를 얻어 구성했다. 이 콘텐츠는 로봇 거위 사냥을 통해 보석과 점수를 획득하여 최고의 명탐정이 된다는 스토리로 이루어져 있다. 번개 펀치는 이야기의 배경을 애니메이션으로 설명해주는 인트로와 게임 타이틀,

게임 체험 방법을 설명하는 튜토리얼, 제한 시간 내에 가상 객체를 슈팅하여 보석과 점수를 획득해 체험자들 간에 경쟁하는 일반 슈팅 맵과 대형의 가상 로봇 객체를 협동 공격하는 보스 맵으로 구성된다. 번개 펀치의 게임 로직과 기능 구현은 유니티 게임 엔진으로 개발했다.

번개 펀치 시스템의 구현을 위해 프로젝션 다면 투사 방법을 응용하여 최대 4인까지 체험할 수 있는 가로 4미터 수직 구조의 곡면 스크린과 수평 구조의 상

가상 슈팅 콘텐츠 구현 장면

출처 : ETRI

단 면을 연결하여 L자형 구조의 대형 스크린을 특수 제작했다. 스크린을 거치하고 내부 구동 시스템 탑재를 위한 외장 커버는 기술 전시와 이동이 용이하도록 세 개로 분리, 조립할 수 있게 제작했다. 외장 커버의 중앙 하단부에는 콘텐츠 운영을 위한 주 컴퓨터를 배치하고, 몰입 가시화 공간 연출을 위한 다면 투사 목적의 UHD(3840×2160)급 고해상도를 출력하는 다섯 대의 프로젝터를 상단부에 설치했다. 그리고 여러 체험자들의 펀칭 동작과 지시 방향을 인식하기 위한 목적으로 세 개의 키넥트 센서를 시스템 상단에 추가 설치했다. 주 콘텐츠 운영 컴퓨터로 실시간 실측된 체험자들의 깊이 정보 분석 결과인 펀칭 동작 정보와 가상 슈팅을 위한 지시 방향 정보는 주 운영 컴퓨터에 직접 연결된 키넥트 센서와 그 외의 키넥트 센서와 연결된 두 대의 보조 컴퓨터로부터 전송된다.

앞에서 설명했듯이 번개 펀치 시스템은 다수 체험자 대상 프로젝션 기반의 콘텐츠 체험자들이 투사 영상의 왜곡 및 밝기 차이에 의한 체험 몰입의 시각적 방해 요인을 줄이기 위해 깊이 정보 기반의 프로젝션 영상 조정 기능을 보유하고 있다. 이 영상 조정 기능은 키넥트 센서에 의해 획득된 깊이 영상 정보를 이용하여 공간

번개 펀치 시스템 개념도

출처 : ETRI

번개 펀치 시스템 개발 과정

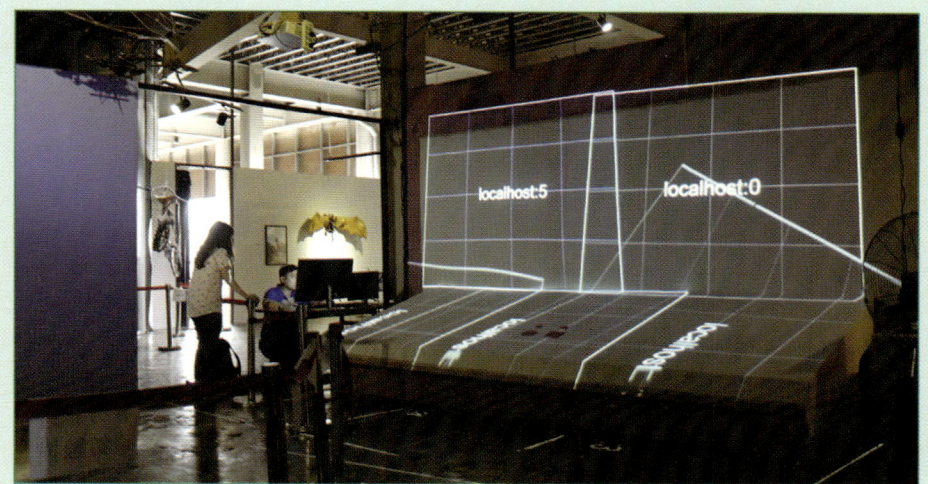

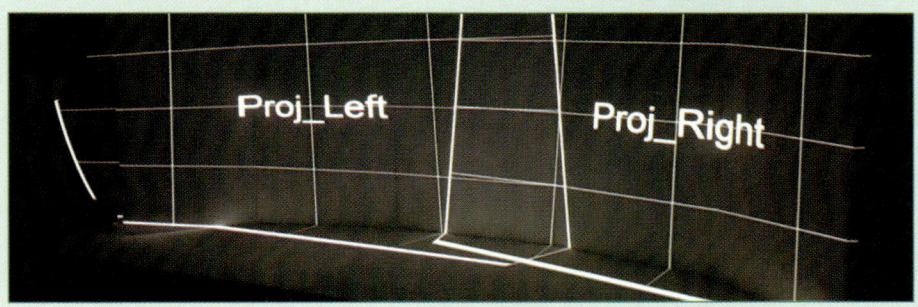

출처 : ETRI

면의 왜곡을 정밀 조정하고, 중첩 영역에 마스크 데이터를 추출하여 영상의 보간(interpolation)과 부분 영역에 대한 블러 필터링 처리 후 이음새가 보이지 않도록 자연스럽게 에지를 섞어주는 에지 블렌딩 기능을 이용하여 명암 차와 영상 중첩 현상을 줄여준다.

또한 번개 펀치 시스템은 체험자의 가상 체험의 몰입 향상을 위해 자연스러운 펀칭 제스처를 이용한 실감 상호작용을 제공한다. 실감 상호작용 방법은 그래픽 애니메이션으로 사전에 제작된 번개 공격 이펙트를 체험자가 펀칭할 때 지시 방향 정보를 참조하여 체험자의 팔 위로 동적 프로젝션 매핑한다. 실감 상호작용을 구현하는 방법은 천장에 위치한 세 대의 키넥트 센서가 체험자의 손, 팔, 머리의 위치 분석을 통해 깊이 정보를 생성하고, 이를 참조하여 번개 공격 애니메이션 텍스처를 가진 메쉬를 체험자의 팔 위치에 따라 움직이게 한다.

그리고 펀칭 정보가 발생했을 때 그 메쉬 위에 번개 공격이 출력되는 애니메이션 영상을 투사하여 마치 체험자의 팔에서 가상 번개 이펙트가 생성되어 방출되는 효과를 연출한다.

도심형 테마파크를 위한 가상현실 콘텐츠 기술로서 프로젝션 시스템은 많은 사람들이 동시에 한 장소에 모여 체험하기에 적합한 기능을 제공한다. 이 프로젝션 시스템을 기본으로 제작된 번개 펀치 콘텐츠는 여러 체험자들의 자연스러운 몰입 체험을 위해 실감형 상호작용 기술을 제공한다. 향후 도심형 테마파크를 위한 체험 콘텐츠를 개발하는 데 번개 펀치 연구 결과물은 다수 체험자들이 가상 체험을 공유하기 위한 방법과 초실감 상호작용 콘텐츠를 구현하는 기술로 활용할 수 있을 것으로 본다.

번개 펀치 시스템 개요

기술 개요	• 사용자의 머리 위에서 사용자 손의 움직임을 추적하여 인체 특정 부위(팔) 위에 번개 영상을 프로젝션 하고, 이와 콘텐츠 간 상호작용을 하는 몰입 프로젝션 환경 기반의 실감 콘텐츠 시스템
기술 특징	• 비정형 동적 객체 대상 몰입형 프로젝션 디스플레이 기술 • 멀티 프로젝션 블렌딩 기술 • 프로젝션 영역 탐지 및 인체 부위 상의 프로젝션 가시화 기술
응용 분야	• 실내 디지털 테마파크, 게임 파크, 키즈 파크 • 4D 가상 체험관 및 전시 홍보관
용어 설명	• 프로젝션 블렌딩 : 멀티 프로젝터에서 출력되는 영상들이 중첩되는 영역을 심리스(seamless)하게 연결하는 기술

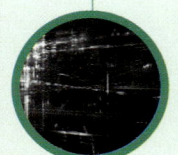

02

산업 활용 및 교육 훈련 VR 콘텐츠

가상 용접 훈련 시뮬레이터

　ETRI의 가상 용접 훈련 시뮬레이터는 중공업 및 조형 예술 분야에서 필수적인 용접 작업을 가상 시뮬레이션 공간에서 효율적으로 훈련할 수 있게 한 훈련 시스템이다. 가상 용접 훈련 시뮬레이터 플랫폼은 용접 형상과 훈련 환경의 고품질 가시화, 실시간 용접 비드 형상 시뮬레이션, 용접 작업을 위한 토치 인터랙션, 용접 훈련 결과의 평가 및 최적 가이드, 용접 훈련 콘텐츠, 가상 용접 훈련 지원 하드웨어로 구성된다.

　용접 형상 및 훈련 환경의 고품질 가시화 부분에서는 용접 작업 훈련을 가상현실 및 컴퓨터그래픽 기술을 응용하여 용접 작업의 시각적 정보를 실제 용접과 일치하도록 블록(block), 비드(bead), 아크(arc), 스패터(spatter), 연기 등을 고품질로 표현했다. 용접 데이터의 가시화를 위한 비드 형상 시뮬레이션을 위해 수치 해석 및 경험 기반의 비드 형상 DB를 구축했다. 즉 용접 종류, 모재 재질, 모재 형

가상 용접 훈련 시뮬레이터 시스템

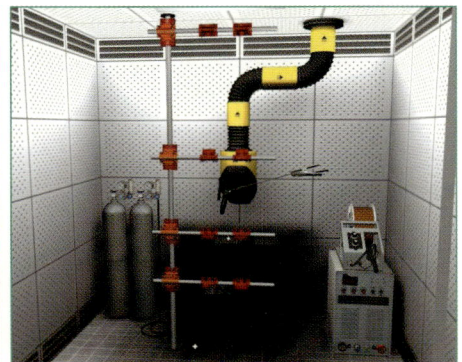

출처 : ETRI

태, 모재 두께, 용접 자세, 전압, 전류, 속도, 작업각, 진행각, CTWD(Contact Tip to Work Distance)를 입력으로 하여 비드 폭, 비드 높이, 용입 깊이, 비드 형상 각도 등의 출력 비드 형상 정보를 사전에 획득했다. 획득된 비드 형상 DB를 기반으로 용접 시뮬레이션에 적합한 신경회로망을 구성하고, 사전에 획득된 비드 형상 DB 정보를 이용하여 신경회로망을 훈련시키며, 훈련된 신경회로망을 이용하여 실시간으로 비드 형상을 예측할 수 있게 했다.

또한 가상 용접 훈련 시뮬레이터 상에서 실제 용접 작업 현장과 동일한 작업 도

용접 실습 환경 3차원 모델 재현

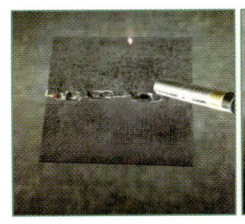
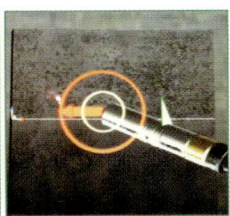

출처 : ETRI

구를 인터페이스로 제공하기 위해 실제 용접 토치를 개조하여 인터페이스로 사용한다. 개조된 용접 토치 인터페이스에 장착된 스피커와 진동 소자는 실제 용접 작업할 때 발생하는 진동과 소음을 사실적으로 재현함으로써 가상훈련 환경의 사실성을 높여준다. 용접 훈련을 마친 후에는 용접 훈련 평가 및 최적 작업 가이드 툴을 통해 훈련 작업을 3D로 재생하여 실제 훈련자의 자세를 시각적으로 표현해준다. 이 자세 분석 데이터를 통해 교육 관계자들에게 풍부하고 실제적인 데이터를 제공한다.

이러한 일련의 용접 훈련 시스템을 구성하는 요소 중에서 각 훈련 조건들을 설정, 변형하고 이에 맞는 작업 훈련을 제시할 수 있는 다양한 콘텐츠는 필수적이다. 특히 가상훈련 시뮬레이터의 특성에 맞게 실습 환경을 3차원 모델로 재현함으로써 실제 용접 실습장에 있는 듯한 느낌을 줄 수 있도록 콘텐츠를 구성하여 전체적인 가상훈련 과정의 사실성을 높였다.

마지막으로 효과적인 용접 훈련이 가능하려면 훈련 목적과 수준에 맞는 용접 훈련 하드웨어가 제공되어야 한다. 입체 가시화 및 인터랙션의 제공 수준에 따라

가상 용접 훈련 시뮬레이터 작업 훈련 인터페이스

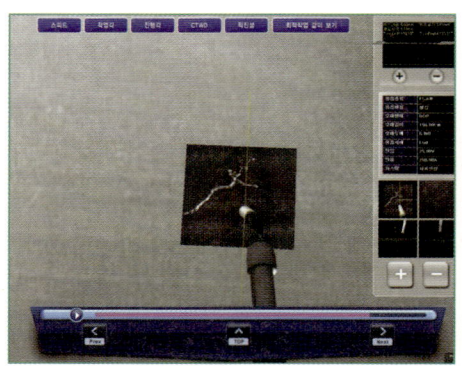
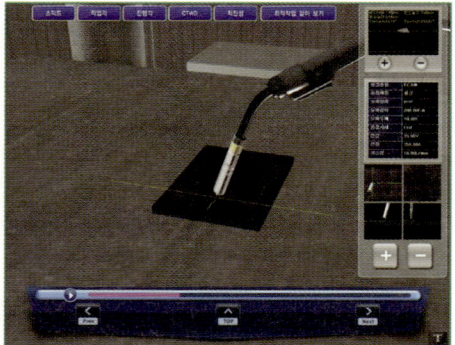

출처 : ETRI

훈련 목적 및 수준에 맞는 용접 훈련 하드웨어

| 고급형(High-End) 시뮬레이터 | 몰입·이동형 시뮬레이터 | 보급형(Academic) 시뮬레이터 |

  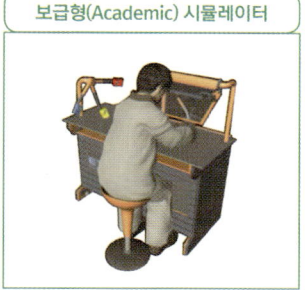

출처 : ETRI

'고급형, 몰입형, 보급형'의 세 가지 하드웨어 유형이 제공된다.

고급형 하드웨어는 워크벤치형 입체 디스플레이와 다양한 위치 변경(위, 정면, 아래 보기)이 가능한 프레임이 설계되었으며, 외부 케이스의 정면 부분을 투명 아크릴로 처리하여 외부에서 작업자가 작업하는 모습을 볼 수 있도록 했다. 몰입형 하드웨어는 사용자의 몰입감을 증대시키고 자유로운 작업 자세를 지원할 수 있도록 착용형 입체 디스플레이 및 사용자의 신체 크기에 따라 변형이 가능한 설치 프레임을 지원했다. 또한 시연을 위한 용도로 외부 디스플레이를 장착할 수 있도록 했다. 보급형 하드웨어는 근접 작업을 지원할 수 있도록 사용자 시선에 따른 입체영상 가시화를 적용했으며, 책상 타입의 작업 환경을 구성하여 앞 보기 및 아래 보기 등을 지원했다.

가상 용접 훈련 시뮬레이터는 정밀하고 대규모의 용접이 필요한 중공업부터 용접의 기초 훈련 과정이 필요한 폴리텍 대학과 같은 학교 등에 적용할 수 있다. 적용 기관과 훈련 과정에 따라 기초 훈련 교육 및 정밀한 분석 부분과 고성능 디스플레이 장치를 필요로 하는 고등 훈련 교육 등 다양한 훈련 환경에 활용할 수 있다.

가상 용접 훈련 시뮬레이터 시스템 개요

기술 개요	• 기계 용접과 금속 조형물 제작을 위해 가상 시뮬레이션 환경에서 금속 형상을 가상 제작 및 평가하는 용접 훈련 시뮬레이터
기술 특징	• 금속 재질 기반 고품질 모재(용접 시 그 대상이 되는 금속) 표현 • 경험 DB 기반의 비드(bead) 표현 및 동작 트래킹 기반의 실감 상호작용 • 실시간 가상 금속 용융 및 변형 시뮬레이션, 입체 가시화
응용 분야	• 조선소, 중공업 등 광범위한 제조 산업 • 폴리텍 대학, 인력 양성 센터 • 금속 및 조형 예술 분야
용어 설명	• 가상 용접 훈련 : 기존 용접 교육에서 발생하는 비용 요소와 유해적 측면을 최소화하여 실제 교육과 유사한 효과를 가상현실 기술을 통해 제공하는 훈련 시스템

가상 기중기 훈련 시뮬레이터

ETRI의 가상 기중기 훈련 시뮬레이터는 산업 공정의 기중기 운송 플랫폼을 가상현실의 콘텐츠로 구성하여 기중기 운용 방법을 가상현실 시뮬레이션 환경에서 훈련하는 시스템이다. 이 시스템은 조선, 제철, 항만 물류 분야 등 산업 전반에 걸쳐 활용되고 있는 주요 기자재인 기중기를 효과적으로 제어하기 위해 제작되었다. 기중기를 조종하는 데 있어 고위험성 및 고난이도 운용 능력의 요구와 더불어 잠재적인 위험 요소가 산재되어 있는 산업 현장에서 숙련 미숙으로 인한 안전사고를 미연에 방지하고, 다양한 실감 훈련 효과를 체득할 수 있는 가상현실 기반 훈련 시스템의 필요에 의해 개발되었다.

가상 기중기 훈련 시뮬레이터의 주요 기능은 다양한 인터페이스를 포함한 가상 환경에서 훈련자의 체감을 극대화하고, 현장 상황을 효과적으로 표현하기 위

가상 기중기 훈련 시뮬레이터 시스템

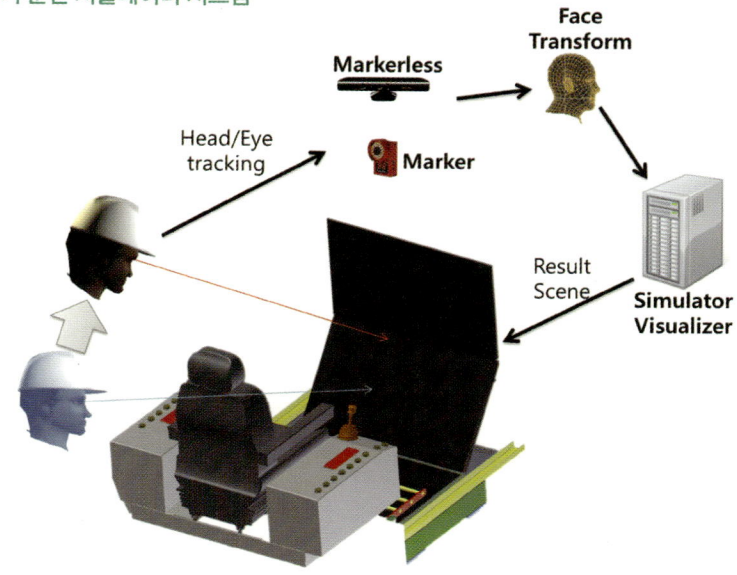

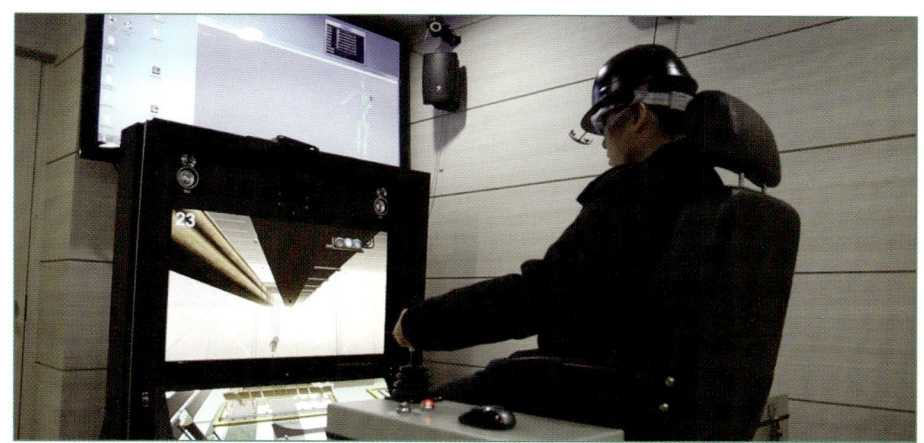

출처 : ETRI

한 가상현실 콘텐츠가 훈련자에게 제시된다는 것이다. 사고 위험 없는 가상현실 콘텐츠를 이용하여 반복적으로 훈련하도록 하는 체험이 가능하다. 이와 더불어 연구개발 과정에서 산출된 '기중기 훈련 시뮬레이션 기술'은 기술 수요를 제기한

업체 및 상용 시스템 개발 업체에 이전하여 실용화 기술을 보급하고 상품성을 보완하여, 산업체 및 기술 교육기관 등의 기술 수요 대상을 확대하고 현장 제작 기술을 향상시킬 수 있도록 했다.

가상현실 기반 기중기 시뮬레이션 기술로는 현장 작업의 가시화, 시뮬레이션, 상호작용 기술이 적용되고, 가상현실 분야의 응용 기술로는 3차원 입체영상 기반의 가상 환경과 입체영상 디스플레이 플랫폼 구축 기술이 요구된다. 여기에 인간 컴퓨터 상호작용 분야의 응용 기술로 실제 작업 환경의 도구를 기반으로 한 사용자 인터페이스 구동 기술을 필요로 한다.

가상 기중기 훈련 시뮬레이터는 훈련자에게 산업 공정의 환경을 제시하고, 운송 작업 처리와 운송 상태를 제시할 수 있어야 한다. 이를 위해 다양한 작업 시나리오를 선택하여 임의의 작업 조건에 대응하는 가상현실 기반 검증 시뮬레이션 환경을 제시할 수 있는 기술이 제공되어야 한다. 또한 가상현실 기술에 익숙하지 않은 일반인도 시스템을 쉽게 활용할 수 있게 하여 도입 장벽을 낮추고, 현장과의 일치도를 높이기 위한 실제 도구와 인터페이스 구동 기술을 구현해야 한다.

또한 체험자에게 몰입도 높은 가상현실 환경을 제시하기 위해 멀티스크린 환경의 가시화를 표현하고, 입체영상 기반의 환경을 제시할 수 있는 기술 개발이 요

가상 기중기 훈련 콘텐츠 시스템

 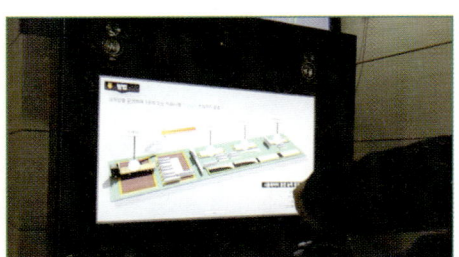

출처 : ETRI

멀티 디스플레이를 활용한 몰입 콘텐츠 지원(왼쪽 사진) 및 체험자 시점 콘텐츠 시스템 영상(오른쪽 사진)

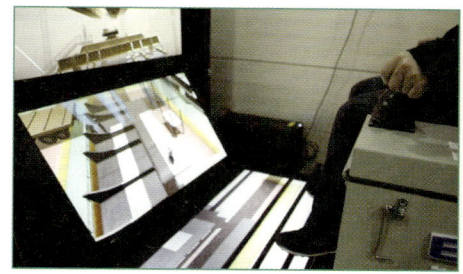

출처 : ETRI

구된다. 최종적으로 훈련 시뮬레이션 효과를 증대하고, 결과 평가를 즉석에서 제시할 수 있도록 작업 결과 저장 기능을 갖춰야 한다.

이와 같은 기술은 기중기 시뮬레이션을 가상 환경에서 실시할 수 있는 콘텐츠를 제시하므로, 향후 이 기술을 활용하면 실물 기반의 산업 장비 운용 과정에서 발생되는 경제적 문제를 개선하고 안전사고 문제를 해결할 수 있을 것이다. 또한 현장의 작업 환경을 가상 환경에서 동일하게 재현하고, 현장의 사례와 동일한 작업 도구(인터페이스)를 개조하여 시스템 인터페이스로 사용할 수 있도록 개발되었으므로 다양한 산업체의 상황을 시뮬레이션 하는 목적으로 활용할 수 있다.

가상 기중기 훈련 시뮬레이터 시스템 개요

기술 개요	• 철강, 건설, 조선, 항만 등의 물류 작업에서 광범위하게 활용되는 기중기(Crane) 작업의 반복적인 훈련 수행이 가능한 가상현실 기중기 훈련 시스템
기술 특징	• 멀티 디스플레이 기반의 입체 가시화 • 기중기 제어용 조이스틱(좌우 2개) 및 HMI 탑재 • 산업 공정용 마그네틱 리프트 크레인 운송 콘텐츠 제공
응용 분야	• 철강, 조선 등 제조 산업 및 항만 물류 산업 • 기중기 등 가상현실 시스템 기반의 인력 훈련 · 양성 기관
용어 설명	• HMI(Human Machine Interface) : 기계를 동작시키기 위한 입출력 장치

안경형 디스플레이(EGD, Eye Glasses-type Display)

안경형 디스플레이는 ETRI의 '실감 체험 공간 확장형 라이브3D(Live3D) 콘텐츠 플랫폼 기술 개발' 과제의 연구 결과물이다. 안경형 디스플레이 시스템은 안경을 착용하여 사용자의 주변 공간까지 입체감 영역을 확장시키고 그 영역에서 사용자의 행동과 상황에 반응하는 오감 체험형 인터랙티브 4D 콘텐츠를 구현하는 기술이다.

광학 투과형(See-Through) 방식을 차용한 ETRI의 안경형 디스플레이 장치는 가상공간 체험 콘텐츠를 HD급 고해상도 영상으로 출력하며 비전 및 위치, 자세 센서를 포함하는 하이브리드 센서를 내장하여 사용자 시점(head) 정보를 추적하는 기능을 지원한다.

안경형 디스플레이(EGD) 시스템 및 설계도

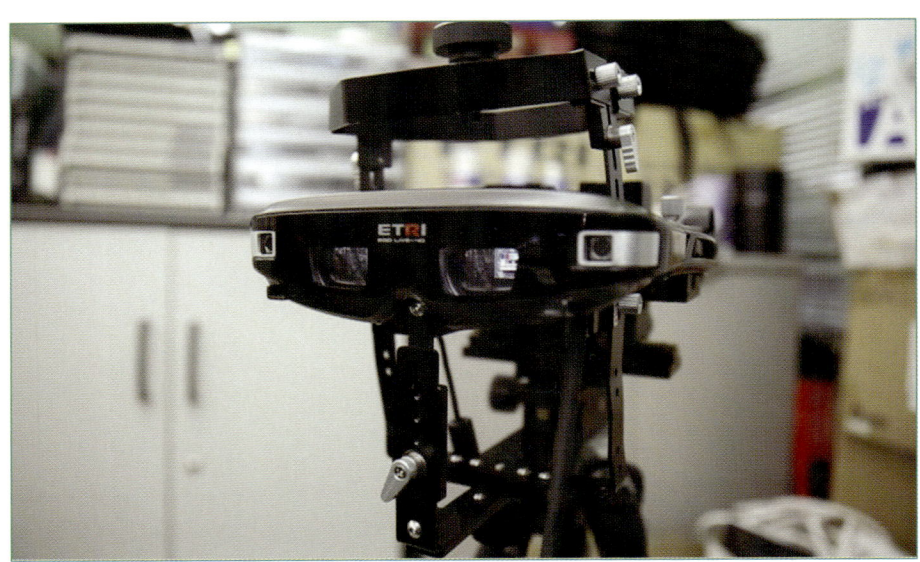

출처 : ETRI

    안경형 디스플레이는 실내외의 다양한 조명 조건에서 입체영상의 합성 정밀도를 향상시키기 위해 광량 센서를 내장하고, 이를 기반으로 내부 영상 패널의 밝기를 조정하는 기능을 구현했다. 또한 안경을 착용한 상태에서 자유롭게 이동할 수 있도록 무선으로 영상을 송수신 받아 출력할 수 있는 기능을 내장했다. 인간공학 휴면(休眠) 팩터 실험을 통해 시각 모델을 제어할 수 있는 가이드를 마련하여 EGD의 입체감 표현을 최적화했다. 이 기술을 통해 동시 사용 조건에서 기기별 인지 특성을 데이터베이스로 구축하여 편안한 시청 상태와 입체감이 향상되는 품질 결과를 도출했다.

    안경형 디스플레이 기술은 입체감을 확장시킬 수 있는 인터랙티브 콘텐츠와 결합하여 여러 명의 사용자가 다양한 형태의 협업 시스템을 구축하는 데 활용할 수 있다. 이를테면 두 명의 사용자가 3D 콘텐츠를 대상으로 협업 형태의 상호작용을 진행하는 콘텐츠 서비스를 위해서는 3차원 공간에서의 협업을 위해 인터랙티브

안경형 디스플레이의 활용 시나리오 예

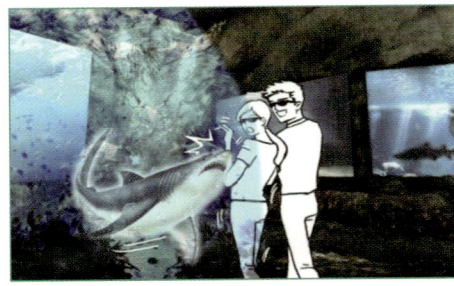

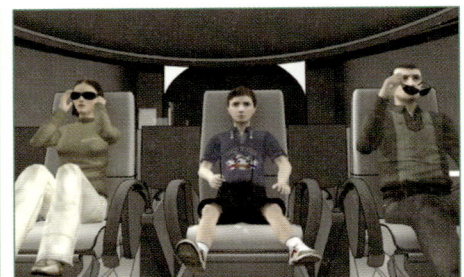

출처 : ETRI

다면체 기반의 정보 그래프 가시화 기법을 적용했다. 콘텐츠 서비스의 확장성을 고려하여 SNS 서비스로부터 새로운 데이터를 공급받을 수 있는 내용으로 설계했다. 사용자가 헤드 트래킹과 가상 키보드 및 트래커 같은 핸드 디바이스를 활용하여 동작 추적과 연계된 인터랙티브 상호작용을 할 수 있는 시나리오를 구현해냈다. 즉 협업 대상 콘텐츠의 선택, 이동, 조작을 구현하고, 페이스북 같은 SNS에서 데이터를 연동하는 기능을 구현했다.

안경형 디스플레이 기술은 향후 혼합현실형 입체감 확장 공간에서의 인터랙티브 콘텐츠 구현을 위해 활용할 수 있다. 안경형 디스플레이와 3D TV 또는 스마트 기기가 융합적으로 연계된 혼합현실형 작업 공간에서 공연 전시나 디자인 기획 회의를 진행하는 시범 콘텐츠로 발전시킬 수 있다. 또한 3D TV가 중심인 가상 라

입체감 확장 가시화 콘텐츠

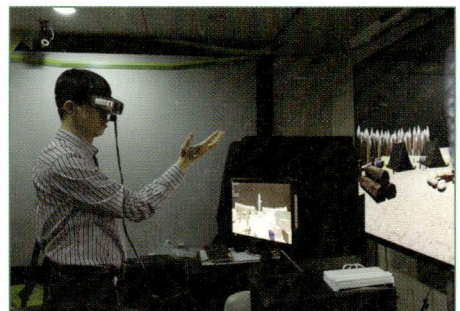 

출처 : ETRI

이브러리 공유 공간이나, 안경형 디스플레이를 중심으로 개인 작업 공간으로 영역을 분리한 상태에서 콘텐츠를 체험하는 시나리오가 필요한 작업 공간에 적용할 수 있을 것이다.

안경형 디스플레이 시스템 개요

기술 개요	• 3D TV의 표현 영역 외부(수평, 수직, 깊이 방향)로 돌출되어 사용자와 가까운 거리에서 상호작용하는 3D 콘텐츠 표현이 가능
기술 특징	• 외부의 실사 환경을 동시에 관찰할 수 있는 광학식 투시형 안경 • 광학식 투시형 안경 기준 세계 최고 수준의 시야각 56도 제시 • 풀HD(1920×1080p) 고해상도 영상 2채널 기반의 3D 입체영상 • 3D 입체감 공간 확장(주변 3D 디스플레이 영상 동시 체험 가능) • 모바일 이동 환경 지원용 무선 기반 실시간 영상 전송
응용 분야	• 개인 몰입형 게임 · 홈씨어터 디스플레이 • 혼합현실 체감형 테마파크용 디스플레이 • 군사 및 의료 훈련, 혼합현실 e-러닝, 전시관 체험용 디스플레이
용어 설명	• EGD : 무게와 사용성을 개선한 안경 형태의 착용형 디스플레이 • 입체감 확장 : 한 대의 3D TV(스크린)가 표현할 수 있는 입체 공간 표현 범위의 한계를 EGD를 기반으로 극복하는 기술

디지털 그래피티 캔버스(Digital Graffiti Canvas)

디지털 그래피티 캔버스는 스프레이 캔을 활용하여 벽면에 자유로이 그림을 그리고 색칠하는 아트의 일종인 그래피티를 3D 디스플레이와 사용자 위치 추적 센서 등을 활용해 디지털화한 '가상현실 기반 인터랙티브 드로잉 시스템'이다. 이 시스템은 디지털 아트, 유아용 색칠 공부, 가상 체험을 지원하는 도심형 테마파크 등에 활용하기 위한 기술로 개발되었다.

체감형 아트 시스템인 디지털 그래피티 캔버스는 기능적으로 3D 캔버스 상에서의 그래피티 작업의 입체 가시화, 디스플레이 스프레이 캔과 사용자 정밀 3D 추적에 의한 드로잉·페인팅 작업 지원, 실시간 스프레이 분사 패턴 시뮬레이션, 압력 조절을 할 수 있는 디지털 스프레이 캔, 페인팅 된 3D 객체와의 상호작용 등이 구현되었다.

디지털 그래피티 캔버스는 터치가 가능한 3D TV, 압력 조절이 가능한 디지털 스프레이 캔, 사용자 머리와 스프레이 캔의 추적을 위한 카메라 등의 추적 시스템, 3D TV의 외부 영역을 가시화하기 위한 안경형 디스플레이, 콘텐츠를 구동하기 위한 PC 및 소프트웨어로 구성된다. 여기에 안경 타입의 디스플레이나 투명 디

디지털 그래피티 캔버스 시스템

출처 : ETRI

디지털 그래피티 캔버스
콘텐츠 시연 모습

출처 : ETRI

스플레이를 활용하면 입체 디스플레이 외부 영역까지 확장하여 객체 가시화가 가능하다.

　디지털 그래피티 캔버스 시스템은 기존 디스플레이 장치에 단순히 드로잉 하는 기술과 달리, 대형 캔버스 사이즈의 디스플레이 장치에 실제 크기의 캔버스로 분사하여 색칠하는 체험이 가능하다. 아울러 정밀한 추적 기능의 구현으로 페인팅 훈련 교육에도 사용할 수 있다. 디지털 그래피티 캔버스 시스템은 다른 종류의 디스플레이에 상영되는 객체를 생성시키고 상호작용할 수 있는 기능도 포함시켰다. 기존 평면에 낙서나 그림만 그리던 것이 아날로그적 환경이었다면, 이 시스템은 정적이던 결과물과는 다르게 '그리면서 체험하며 완성된 결과물을 움직이도록 하는' 생명력까지 불어넣어 디지털화했다. 기존의 화면이 작은 크기의 물리적 공간만을 제공했다면, 디지털 그래피티 캔버스 시스템은 안경형 디스플레이를 통해 3D로 입체화시켜 크기의 제한성을 없애고 물리적 디스플레이의 표현 영역을 넘어 내 주변에 완성된 결과물이 날아다니는 것처럼 보이게 구현했다.

　디지털 그래피티 캔버스 기술의 구축으로 정적이던 기존 전시관과 달리 체험 위주의 살아 있는 전시관을 구축하여 새로운 개념의 전시 문화를 창출할 수 있게 되었다. 그뿐만 아니라 유치원, 학교 등의 교육기관에서 생동감 있는 체험 교육을 적

디지털 그래피티 캔버스와 EGD의 혼합 디스플레이 공간 확장 구성   출처 : ETRI

용할 수 있게 되었다. 이 시스템은 사용자 주위의 콘텐츠를 시각적으로 확장시킬 수 있어 테마파크의 가상 체험에도 적용할 수 있다.

디지털 그래피티 캔버스 시스템 개요

기술 개요	• 사용자가 디지털 스프레이 캔을 이용하여 가상의 캔버스에 디지털 방식의 예술 작품을 표현하는 그린 아트(Green Art) 기술
기술 특징	• 가상 그래피티 배경(다리, 공원, 담벼락, 유아방 등) 제공 • 색상 팔레트, 스프레이 노즐 크기 조정용 UI 제공 • 가상 캔버스의 입체 가시화, 실시간 스프레이 분사 시뮬레이션
응용 분야	• 사용자 머리 고정밀 추적, 스프레이 캔 검출 및 추적 • 객체와의 상호작용 • 디스플레이 외부 공간으로 객체 가시화
용어 설명	• 가상 그래피티 : 가상현실용 스프레이 인터페이스 장치와 디스플레이를 이용하여 미술 창작, 예술 활동 등을 가능하게 하는 체험형 콘텐츠 시스템

실린더 디스플레이 기반 별자리 그리기

실린더 디스플레이 기반 '황도 12궁 별자리 체험 실감 전시 콘텐츠'는 360도 실린더형 몰입 디스플레이와 안경형 디스플레이, NUI(Natural User Interface : 자연스러운 사용자 조작 환경) 기반 사용자 모션 인식, 영상 및 사용자 제스처 입력과 동기화된 움직임, 그리고 라이딩 체험 효과 제공을 위한 체감형 시뮬레이터 기술이 결합된 라이브4D 인터랙티브 실감 전시 콘텐츠다.

실린더 디스플레이 기반 시스템의 구축을 위해 실감 체험과 사용자 인터랙션 효과가 포함된 황도 12궁 별자리 체험 실감 전시 콘텐츠 시나리오가 적용되었다. 실감 몰입 체험을 극대화하기 위한 3축 모션 플랫폼과의 데이터 통신은 TCP/IP

실린더 디스플레이 기반 별자리 그리기 시스템

출처 : ETRI

황도 12궁 별자리 체험 콘텐츠

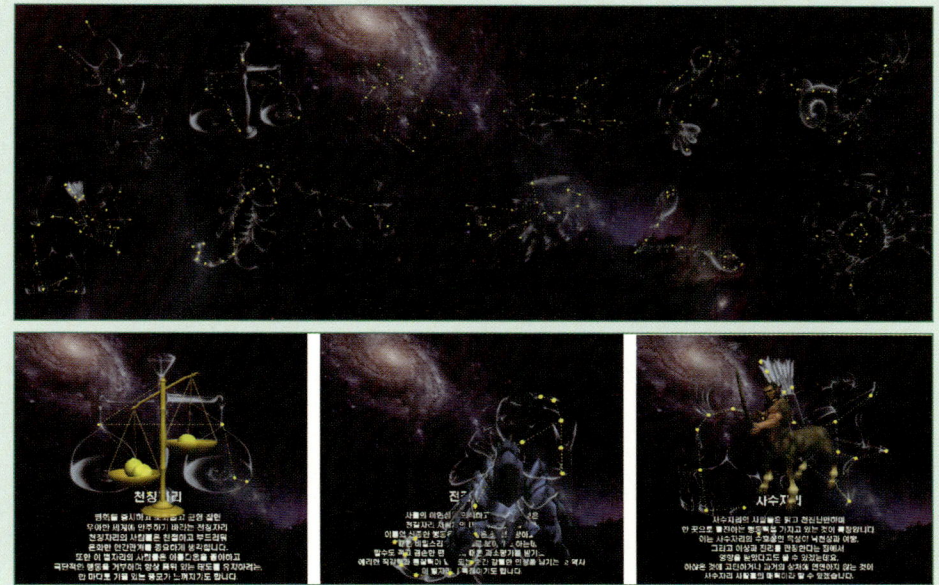

별자리 그리기 제스처 인식 테스트(천칭자리, 사수자리, 전갈자리)

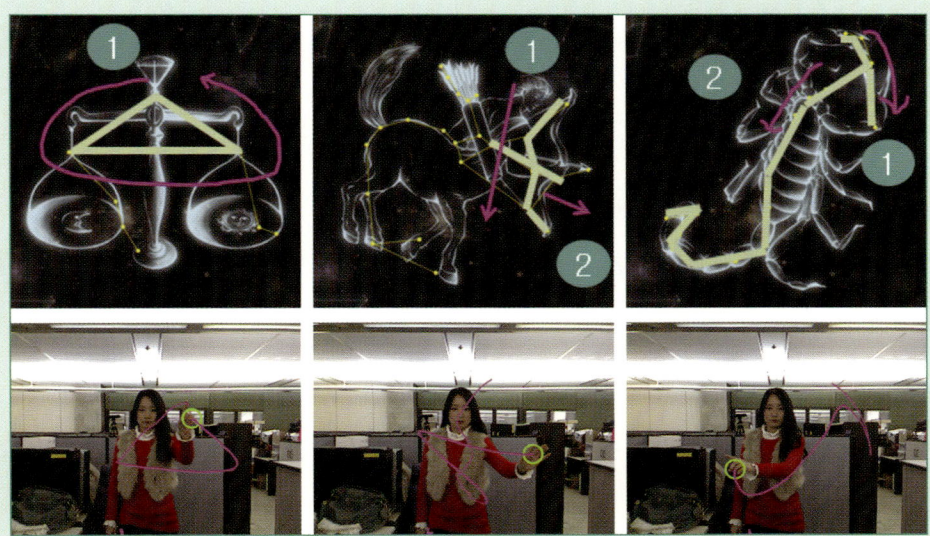

출처 : ETRI

소켓을 이용하여 유니티3D 게임 엔진 신호를 제어하거나 시뮬레이터 테스트를 수행했다.

또한 별자리 그리기 제스처 인식 기술(별자리 3종 이상, 인식률 95퍼센트 이상)을 적용한 모션 라이딩 체험 시나리오를 따라 우주로 나아가 자신의 탄생 월을 선택하면, 실린더 디스플레이와 안경형 입체 디스플레이를 통해 별자리에 얽힌 신화와 탄생 월에 따른 성향 등이 음성과 입체영상으로 제공된다.

이 시스템은 몰입 체험을 위해 6채널 프로젝션 멀티 디스플레이를 이용하여 고해상도 화면(한쪽 눈에 투영되는 화면은 세 개씩의 프로젝터를 기하 보정하여 출력 후 양안식 입체영상 출력을 위해 각각 두 벌씩 배치, 2인 이상 동시 사용 가능)을 제공했다. 다채널 비평면 스크린의 기하 보정용 모듈 개발 및 콘텐츠(스플라인 곡선Spline Curve을 이용한 컨트롤 포인트 조정 최소화, 화면 블렌딩, 스크린 외부 영역 투사 방지를 위한 마스크)를 적용하고, 편광 방식의 3D 입체영상 지원, 180도 FOV를 이용한 넓은 시야각을 지원하도록 구성했다. 또한 각각 두 개의 프로젝션을 담당하는 세 개의 시스템을 네트워크 렌더링 클러스터로 연결하여 입체 디스플레이를 동기화했다.

이와 같은 체감형 시뮬레이터 환경 기반의 실감 전시 콘텐츠 기술을 상용화하기 위해 과천 과학관 스페이스 월드를 대상으로 실감 전시 콘텐츠 기획을 수행했으며 관련 전시물로 제작, 설치하는 성과를 거두었다. 이는 국내 최초의 감성형 우주체험관의 건립이라고 평가할 만하다. 기술적으로는 투명 스크린에 후면 방식의 프로젝터 이미지를 투사하고, 키넥트를 통한 모션 인식으로 이미지를 제어하는 기술이 적용되었다.

실린더 디스플레이 기반 별자리 그리기 시스템 개요

기술 개요	• 멀티 프로젝터를 통해 출력되는 별자리 입체영상을 곡면 형태의 스크린 상에 가시화하고, 사용자가 손동작을 통해 별자리 궤적을 그리면 궤적 경로대로 모션 장치가 반응하는 체험 시스템
기술 특징	• 6채널 프로젝터들을 이용한 입체 콘텐츠 멀티 디스플레이 • 사용자 전신 관절 및 손가락 추적 • 콘텐츠 제어를 위한 별자리 그리기 제스처 인식
응용 분야	• 실내 디지털 테마파크, 게임 파크, 키즈 파크 • 4D 가상 체험관·전시관 및 교육 시스템
용어 설명	• 실린더 디스플레이 : 원통형의 곡면 스크린을 활용하는 가시화 장치

매직 큐브 및 프로젝션 팝업북

매직 큐브 및 프로젝션 팝업북 시스템은 임의의 비평면 물체에 빔 프로젝터를 투사하여 영상 콘텐츠, 시각 정보 등을 화면의 왜곡 없이 디스플레이 하는 기술이다.

매직 큐브 시스템

출처 : ETRI

프로젝션 팝업북 시스템　　　　　　　　　　　　　　　　　　　출처 : ETRI

대상 물체에 부착된 마커의 위치와 방향을 인식하여 기존에 수작업으로 수행하던 왜곡 보정을 자동으로 수행하는 기술로, 이를 사용자 체험 콘텐츠로 발전시킨 것이 매직 큐브 및 프로젝션 팝업북이다.

　이 기술의 특징은 실린더, 구 등의 정형 물체 표면 또는 임의의 비평면 형태의 물체에 프로젝터에서 출력되는 영상이 왜곡되지 않고 정상적으로 보이도록 자동으로 화면이 보정된다는 것이다. 영상이 보정될 때는 기존 방식처럼 수작업으로 영상의 위치를 조정하지 않고, 마커가 부착된 물체의 위치와 방향을 자동으로 인식함으로써 영상이 출력될 위치와 모양을 조정할 수 있다. 또한 프로젝터 화면이 보정된 후 물체의 위치와 방향이 변경될 경우에도 부착된 마커 인식을 통해 단시간 내에 출력 영상을 조정하여 올바른 위치와 모양으로 출력되도록 조정한다.

이 기술은 일반적인 다이렉트X(DirectX) 그래픽 애플리케이션이나 유니티3D로

캘리브레이션 정보 기반의 비평면 프로젝션 디스플레이 실험

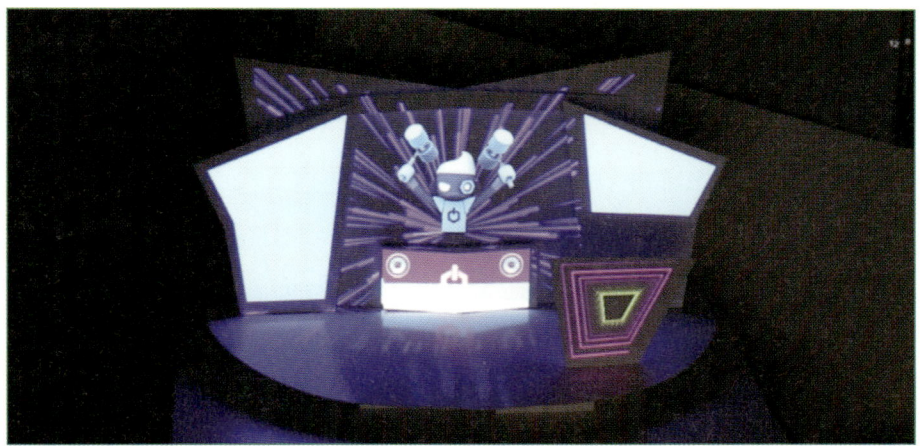

동적 패널 기반의 캐릭터 인터랙션 실험

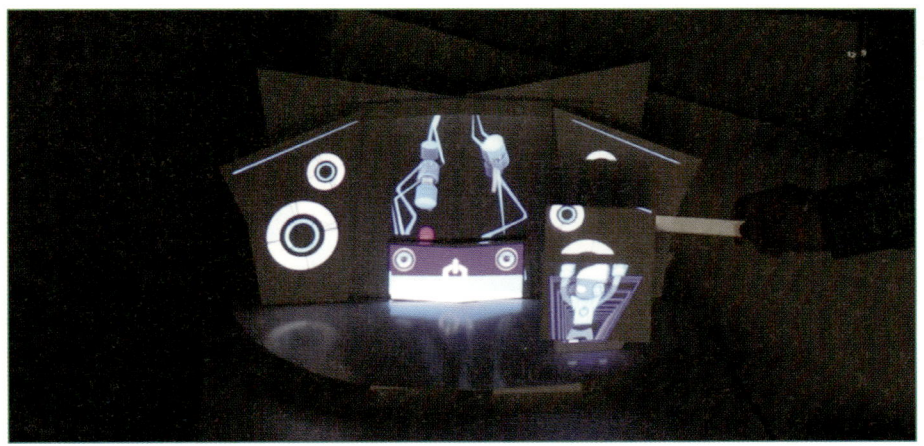

출처 : ETRI

제작된 애플리케이션의 빔 프로젝터 출력용 화면 보정에 적용할 수 있어 쉽게 운용이 가능하다. 깊이 카메라와 컬러 카메라를 이용하여 캘리브레이션 된 공간 내에서 임의의 위치 및 방향을 가진 임의의 모양의 물체에 모두 프로젝션이 가능하다. 이외에도 외부의 디스플레이 패널을 이용하여 프로젝션 된 영상의 한 부분을 다른 디스플레이 장치로 이전시켜 체험자와 상호작용이 가능한 인터랙티브형 콘텐츠로 확장시킬 수 있다.

한편 캐릭터 놀이가 가능한 디지털 인형극 '매직 큐브'는 놀이공원의 주요 장소인 회전목마, 롤러코스터, 바이킹, 자이로드롭, 회전바구니, 분수대를 배경으로 체험 시나리오에 따라 네 명 이상이 동시에 참여하는 콘텐츠 시스템이다. 매직 큐브는 놀이공원에 등장하는 캐릭터들 간의 인터랙션을 중심으로 구성되어 있다. 체험자는 동적 패널을 이동시켜 캐릭터를 배경에서 분리시키거나 걷기, 뛰기 같은 애니메이션 동작을 재생시킬 수 있다. 또한 패널을 활용하여 낮과 밤, 비 내리는 장면 같은 배경 변화와 폭죽 등의 이벤트를 생성시킬 수 있다.

이와 같은 기술은 향후 과학, 역사 등의 수업 내용을 프로젝션 된 객체를 통해 체험하거나, 학생이 직접 프로젝션 영상을 이용하여 스토리텔링을 제작해보는 교육용 인터랙티브 교구에 활용될 수 있다. 또한 전시 및 행사를 위한 미디어 파사드(media facade : 건물 외벽에 영상을 투사하는 것)에 필요한 자동 프로젝션 화면 보정, 공연자의 행동에 맞추어 배경 프로젝션 영상을 동기화하는 지능형 프로젝션 공연, 안무가 의상에 직접 프로젝션 하는 라이브 퍼포먼스 같은 분야에서 효과를 기대할 수 있다.

아울러 내부 모습의 조감이 가능한 프로젝션 모델하우스나 입주자의 인테리어 사양 변화를 실시간으로 프로젝션 하여 미리 체험할 수 있는 건축 및 산업 현장, 모바일 단말기의 카메라를 이용하여 실사 영상에 길 찾기 정보를 중첩해

매직 큐브에 등장하는 캐릭터 모델링

매직 큐브의 낮과 밤, 비 내리는 배경을 위한 가상현실 구현 장면

출처 : ETRI

보여줄 수 있는 증강현실 내비게이션 시스템, 광고지를 인식하여 그에 맞는 광고 영상이나 제품 정보를 보여주는 사용자 맞춤형 디스플레이 장치로 활용할 수 있다.

매직 큐브 및 프로젝션 팝업북 시스템 개요

기술 개요	• 움직이는 판 또는 팝업북 위에 배경과 등장인물 영상을 프로젝션 하고, 사용자가 직접 참여하여 캐릭터와 놀이를 함으로써 다양한 상황을 연출할 수 있는 디지털 인형극 놀이 및 팝업북 서비스를 제공
기술 특징	• 정적 객체의 멀티 프로젝터 기하 보정 및 마스킹, 블렌딩 • 동적 객체에 대한 실시간 메쉬 생성 • 동적 객체 표면에 대한 실시간 기하 보정 프로젝션 • 실시간 깊이 기반 객체 인식 및 트래킹 • 객체의 움직임에 따른 애니메이션 변경 및 이벤트 처리
응용 분야	• 프로젝션 매핑을 이용한 미디어 파사드 • 지능형 프로젝션 무대 공연 • 프로젝션을 이용한 인터랙티브 광고, 전시, 교육
용어 설명	• 프로젝션 : 빔 프로젝터를 이용하여 화면을 출력하는 방법 • 기하 보정 : 평면이 아닌 스크린에 영상을 프로젝션 할 때 영상의 왜곡 현상을 보정하는 기법 • 블렌딩 : 멀티 프로젝터 사용 시 겹치는 영역을 부드럽게 연결하는 기법

[미주]

1장 VR·AR, 가상과 현실의 경계를 허물다

1. 가트너가 개발한 '하이프 사이클'은 5단계로 구분되는데, 이 기술 수명 주기를 순차적으로 살펴보면 다음과 같다. 첫째 '기술 촉발기(Technology Trigger)'는 잠재적 기술이 관심을 받기 시작하는 시기로 초기 단계의 개념적 모델과 미디어의 관심이 대중의 관심을 불러일으키는 시기이다. 이 시기에는 상용화된 제품은 없고 상업적 가치가 아직 증명되지 않은 상태라고 볼 수 있다. 둘째 '부풀려진 기대의 정점기(Peak of Inflated Expectations)'는 초기의 대중성이 일부의 성공적인 사례와 다수의 실패 사례를 양산해내는 시기이다. 이 시기에는 일부 기업들이 실제 사업에 착수하지만 대부분의 기업들은 관망하는 특징을 보인다. 셋째 '현실적 재조정기(Trough of Disillusionment, 환멸기)'는 실험 및 구현이 결과물을 내놓는 데 실패함에 따라 관심이 시들해지는 시기이다. 제품화를 시도한 주체들은 포기하거나 실패하며, 살아남은 사업 주체들이 소비자들을 만족시킬 만한 제품의 향상에 성공한 경우에만 투자가 지속된다. 넷째 '계몽기(Slope of Enlightenment, 재조명기)'는 기술의 수익 모델을 보여주는 좋은 사례들이 늘어나고 기술이 잘 이해되기 시작하는 시기이다. 이에 2~3세대 제품들이 출시되고, 더 많은 기업들이 사업에 투자하기 시작한다. 하지만 보수적인 기업들은 여전히 유보적인 입장을 취한다. 다섯째 '생산성 안정기(Plateau of Productivity)'는 기술이 시장의 주류로 자리 잡기 시작하는 시기이다. 사업자의 생존 가능성을 평가하기 위한 기준이 명확해지고, 시장에서 해당 기술과 관련하여 성과를 거두기 시작하는 시기이다. 'https://ko.wikipedia.org/wiki' 참고.

2장 VR·AR 기술 어디까지 왔나?

2. "선진국 군(軍)의 가상현실 훈련은", 〈아시아경제〉, 2016년 12월 20일 기사 참고. http://view.asiae.co.kr/news/view.htm?idxno=2016121909351507481.
3. 실례로 아울케미랩스(Owlchemy Labs)의 잡 시뮬레이터(Job Simulator)가 있다.
4. 실례로 리얼리티리플렉션(Reality Reflection)의 뮤직인사이드(Music Inside)가 있다.
5. 실례로 에보42게임즈(evo42games)의 오디오 VR 게임 더오로라(The Aurora)가 있다.
6. 실례로 AR스톰(ARstorm)의 배틀카드히어로가 있다. 이 카드는 카드에 붙은 마커를 인식해서 나타나는 증강현실 기술을 적용해 제작한 것이다.
7. 아메리칸 익스프레스와 HTC가 함께 개발한 사라포바와 대결하는 가상현실 테니스 콘텐츠를 말한다.
8. 방위사업청 블로그(http://blog.naver.com/dapapr/220658273115) 참고.